Diogenes Tasch

de
te
be

Jean Renoir

La règle du jeu

›Die Spielregel‹

*Drehbuch von
Jean Renoir*

*Aus dem Französischen von
Angela von Hagen*

*Mit 58 Fotos
und einer Erinnerung
von Jean Renoir*

Diogenes

Originaltitel: ›La règle du jeu‹
Copyright © 1939 by Jean Renoir
Textredaktion: Irene Riesen
Der Verlag dankt allen Institutionen, die für diesen Band Bildmaterial
zur Verfügung gestellt haben, insbesondere dem British Film Institute,
London, und der Cinémathèque Suisse, Lausanne, sowie Monica Iseli
für ihre Unterstützung bei der Beschaffung des Bildmaterials.

Deutsche Erstausgabe

Alle deutschen Rechte vorbehalten
Copyright © 1981 by
Diogenes Verlag AG Zürich
60/81/9/1
ISBN 3 257 20434 5

La règle du jeu
1939

Darsteller:

Die Herren:

Der Marquis	
Robert (de) La Chesnaye	Marcel Dalio
Christine, seine Frau	Nora Grégor
André Jurieu	Roland Toutain
Octave	Jean Renoir
Geneviève de Marrast	Mila Parély
Charlotte (de) La Plante	Odette Talazac
Der General	Pierre Magnier
(de) Saint-Aubin	Pierre Nay
Monsieur (de) La Bruyère	Richard Francœur
Madame (de) La Bruyère	Claire Gérard
Jackie, Christines Nichte	Anne Mayen
Der Homosexuelle	Roger Forster
Der Südamerikaner	Nicolas Amato
Berthelin	M. Corteggiani

Die Diener:

Lisette,	
Christines Kammermädchen	Paulette Dubost
Schumacher,	
ihr Mann, Jagdaufseher	Gaston Modot
Marceau, Wilderer	Julien Carette
Corneille, Haushofmeister	Eddy Debray
Der Koch	Léon Larive
Sein Gehilfe	Célestin
Serviermädchen	Jenny Helia
Der englische Diener	Henri Cartier-Bresson

Ferner:

Die Reporterin	Lise Elina
Der Ingenieur	André Zwobada
Der Radiosprecher	Camille François
	u. a.

Stab:

Regie:	Jean Renoir
Regie-Assistenz:	André Zwobada
	Henri Cartier-Bresson
Drehbuch und Dialoge:	Jean Renoir unter Mitwirkung von Carl Koch und Camille François sowie der Schauspieler
Kamera:	Jean Bachelet
Kamera-Assistenz:	Jacques Lemare
	Jean-Paul Alphen
	Alain Renoir
Musik und Arrangement:	Roger Désormières
Ausstattung:	Eugène Lourié
	Max Douy
Ton:	Joseph de Bretagne
Schnitt:	Marguerite Houlet-Renoir
	Marthe Huguet
Script:	Dido-Fraize
Kostüme:	Coco Chanel
Maske:	Ralph
Standfotograf:	Sam Levin
Produktion:	La Nouvelle Edition Française (N. E. F.)
Produktionsleiter:	Claude Renoir
Aufnahmeleitung:	Raymond Pillion

Die Dreharbeiten zu *La règle du jeu* wurden am 15. Februar 1939 in der Sologne begonnen: Außenaufnahmen beim Château de La Ferté-Saint-Aubin, in der Gegend von Brinon-sur-Sauldre, Lamotte-Beuvron und Aubigny. Studioaufnahmen bei Pathé in Joinville.

Strenge Muhmen und Gevattern,
Die die leichte Liebe schmähen,
Lasset euer rüdes Schnattern!
Ist der Wechsel ein Vergehen?
Wenn die Liebe Flügel hat –
Soll sie da nicht flattern?
Soll sie da nicht flattern?
Soll sie da nicht flattern?

Beaumarchais
Die Hochzeit des Figaro
iv. Akt, 10. Szene

Dieses Unterhaltungsstück will kein Sittenbild sein. Die Handlung spielt am Vorabend des Krieges von 1939. Die Personen der Handlung sind frei erfunden.

Außen. Flugplatz von Le Bourget. Nacht.

Der Toningenieur von Radio-Cité sitzt in einem Aufnahmewagen. Eine Reporterin kämpft sich durch die lärmende Menge.

Reporterin: Hier spricht Radio-Cité. Es ist jetzt genau zweiundzwanzig Uhr... zehn Uhr... Soeben sind wir auf dem Gelände des Flugplatzes von Le Bourget eingetroffen und versuchen uns einen Weg durch die Menge zu bahnen, die sich hier versammelt hat, um den... den großen... Entschuldigung!... den großen Flieger André Jurieu zu begrüßen... jawohl, André Jurieu, der soeben eine erstaunliche Leistung vollbracht hat: Er hat in dreiundzwanzig Stunden den Atlantik überflogen... eine einzigartige Leistung, meine lieben Zuhö... Entschuldigung!... Vorsicht mit dem Kabel!... eine Leistung, meine lieben Zuhörer, die nur mit der von Charles Lindberg... vor gut zehn Jahren verglichen werden kann.

Rufe aus der Menge: Da ist er!... Hurra!... Da ist er...

Reporterin (ihre Stimme wird teilweise von den Rufen aus der Menge übertönt): Und jetzt entsteht Bewegung in der Menge...

Das Flugzeug landet im Halbdunkel. Motorenlärm. Die Reporterin geht unter in der Menge...

Die Reporterin: André Jurieu ist nun also wohlbehalten angekommen. Er ist soeben großartig gelandet. Die Menge stürmt jetzt über das Flugfeld und versucht, die Absperrungen der Bereitschaftspolizei zu durchbrechen... Ich will es auch mal versuchen...

Ihre Stimme verliert sich wieder in den Begeisterungsrufen der Menge, die zum Flugzeug stürmt.

Polizisten (off): Niemand kommt durch! Es ist verboten. Madame! Es ist verboten...

Gedränge und Rufe der Zuschauer, die die Absperrung durchbrechen. Jurieu öffnet die Flugzeugkanzel und nimmt seine Flugbrille ab.

Stimmen aus der Menge: Bravo, Jurieu!... Bravo!... Gut gemacht! Bravo!

Jurieu steigt unter den Blitzlichtern der Fotografen aus dem Flugzeug. Man hilft ihm heraus und umarmt ihn. Ein Behördenvertreter begrüßt ihn, drückt ihm die Hand.

Der Behördenvertreter: Der Minister hat nicht selbst kommen können, aber er hat mich beauftragt, Ihnen seine uneingeschränkte Bewunderung und seine herzlichsten Glückwünsche zu übermitteln!

Jurieu: Es ist nicht mein Verdienst... es liegt an der Maschine!

Der Behördenvertreter: Nein, nein, keineswegs. Es ist wirklich eine schöne Leistung! Wirklich großartig!

Jurieu (entdeckt Octave): Oh! Mein guter alter Octave!

Octave: André!

Sie umarmen sich. Blitzlichter.

Octave: Ah, wie ich mich freue! Nicht über deinen

Flug da..., der ist mir schnurzegal! Aber daß ich dich wiederseh!... Sag mal, bist du's auch wirklich?

Sie lachen.

Jurieu: Hör mal, ist sie da?

Octave: Nein!

Reporterin: Und hier ist nun André Jurieu...

André und Octave beachten sie nicht.

Jurieu: Wie, sie ist nicht gekommen?

Octave: Nein!

Reporterin: ... und er ist sicher bereit, ein paar Worte ins Mikrofon von Radio-Cité zu sprechen.

Jurieu: Sie ist nicht gekommen?

Octave: Sie konnte nicht!

Reporterin: André Jurieu?

Jurieu: Du weißt, es war ihretwegen... ich hab den Flug ihretwegen gemacht!

Reporterin: Monsieur André Jurieu?

Octave: Aber ja, ich weiß!

Reporterin (stellt sich zwischen sie): Entschuldigen Sie bitte. Monsieur André Jurieu? Monsieur, Sie müssen uns ein paar Worte sagen. Sagen Sie was ins Mikrofon, Monsieur Jurieu.

Octave: Sie hat nicht kommen können!

Jurieu (zur Reporterin): Hören Sie! Ich weiß nichts! Was soll ich Ihnen denn sagen?

Reporterin: Monsieur, Sie haben den Atlantik überflogen. Sie haben einen ganzen Tag allein im Flugzeug verbracht. Sie müssen doch irgendwas zu berichten haben. Erfinden Sie was. Sagen Sie irgendwas! Daß Sie glücklich sind!

Jurieu (inmitten der lärmenden Menge ins Mikrofon): Ich bin sehr unglücklich. Nie in meinem Leben bin ich so enttäuscht gewesen. Ich habe dieses Abenteuer für eine Frau gewagt, und sie ist nicht mal gekommen, um mich zu begrüßen. Sie hat es nicht mal der Mühe wert gefunden zu kommen! Sollte sie mich hören, so sag ich's ihr in aller Öffentlichkeit: Das ist charakterlos!

Innen. Haus von La Chesnaye. Erster Stock. Christines Schlafzimmer. Nacht.

Christine und ihr Kammermädchen Lisette, das zu Füßen Christines mit deren Abendkleid beschäftigt ist. Aus einem Radioapparat kommt Octaves Stimme.

    Octave (im Radio): André! André!... Oh!... André!

    Reporterin (im Radio): Der große Flieger hat eine... (etwas verlegen) eine erstaunliche Leistung vollbracht, aber man darf nicht vergessen, daß er eine große Anstrengung hinter sich hat, daß er sehr müde ist...

    Christine: Gib mir meine Handtasche, Lisette!

Lisette holt ihr die Handtasche.

    Reporterin (im Radio): ... und daß er deshalb nicht gerade in bester Form ist, um ins Mikrofon zu sprechen. Aber wir haben hier einen Ingenieur von Caudron...

Christine dreht nervös das Radio ab.

Außen. Flugplatz von Le Bourget. Nacht.

Der Ingenieur (zwischen der Reporterin und einem Zuschauer): Nun, Mademoiselle, André Jurieus Flugzeug ist ein Serienprodukt von Caudron. Es hat einen Renault-Motor von zweihundert PS. Der Sitz des zweiten Piloten ist durch einen zusätzlichen Treibstofftank ersetzt worden.

Reporterin: Vielen Dank, Monsieur!

Jurieu geht zwischen Octave und seinem Mechaniker, die ihn am Arm halten, vom Flugfeld ab.

Octave: Du bist ein Held, aber du hast dich eben wie das letzte Gör benommen. Wenn dir Christine die Tür vor der Nase zuschlägt, dann hast du das aber wirklich verdient!

Jurieu: Ich kann mich nie mehr bei ihr sehen lassen!

Octave: Na, geh jetzt schlafen! Wir sprechen morgen darüber!

Innen. Christines Schlafzimmer. Nacht.

Christine (während sie sich an ihren Toilettentisch setzt): Sag mal, Lisette, wie lang bist du jetzt verheiratet?

Lisette (tritt neben Christine): Bald zwei Jahre, Madame!

Christine: Ja, tatsächlich!... Wie die Zeit vergeht... Bist du glücklich?

Lisette: Ach wissen Sie, mein Mann ist mir nicht allzusehr im Weg. Er arbeitet auf »La Colinière«, und ich bin hier in Paris...

Christine: Hm!

Lisette: Ich bin bei Ihnen sehr glücklich, Madame!

Christine: Hast du Liebhaber?

Lisette: Ach, Madame, wenn man das so nennen kann!

Christine: Aber ja, ja doch! Du hast welche! Octave zum Beispiel. (kramt in ihrer Handtasche) Hol mir ein andres Rouge, du weißt schon, das für den Abend.

Lisette: Ich weiß nicht, wo es ist, Madame!

Christine: Natürlich weißt du, wo es ist...

Lisette (dreht sich auf dem Absatz herum und holt das Rouge von einer Kommode): Ich mag es nicht, es ist zu violett. Das sieht so unnatürlich aus! (geht zu Christine und gibt ihr das Rouge)

Christine: Ach, ach! Was ist heute noch natürlich!... Na, und deine Liebhaber, was reden die so mit dir?

Lisette: Nicht viel!

Christine: Küssen sie dich?

Lisette: Wenn ich mag.

Christine: Nehmen sie dich bei der Hand?

Lisette: Hängt davon ab.

Christine (steht auf und nimmt ihren Mantel vom Bett): Und dann?

Lisette: Dann? Immer dasselbe. Je mehr man ihnen gibt, desto mehr wollen sie haben. (hilft Christine in den Mantel)

Christine: Ach, gib mir noch den Schal! (nimmt ihn und geht zur Tür)

Lisette (hinter ihr her): Nichts zu machen. Die Männer sind nun mal so!

Christine (dreht sich zu Lisette um): Und wie steht's mit der Freundschaft bei dir?

Lisette (sieht Christine an): Freundschaft mit einem Mann?... Du lieber Himmel! Das ist, als würde man am hellen Mittag vom Mond reden!

Christine: Ah! (geht zur Tür)

Lisette (folgt ihr): Also schönen Abend, Madame!

Christine: Schönen Abend, Lisette!

Innen. Halle/Roberts Kabinett. Nacht.

Christine kommt aus ihrem Zimmer und geht durch die Halle auf die Räume ihres Mannes zu. In der Halle spielt ein Hausmädchen mit einem Pudel.

Christine (zu dem Mädchen): Mitzi, wenn mich jemand sucht, ich bin bei Monsieur.

Das Mädchen (neben dem Pudel kniend): Jawohl, Madame.

Christine (begegnet Corneille, dem Haushofmeister): Wo ist Monsieur?

Corneille: In seinem Kabinett, Madame! (führt sie zur Tür)

Sie tritt ein. Robert de La Chesnaye steht vor einem Radio.

Reporterin (im Radio):... der Flugplatz von Le Bourget nimmt wieder sein normales Aussehen an. Die Scheinwerfer verlöschen. Die Menge zerstreut sich geordnet. Der triumphale Empfang hat ein Ende genommen. Wir haben einige Augenblicke miterlebt, die in die Geschichte der...

Der Marquis dreht sich um und bemerkt Christine. Er dreht das Radio ab und kommt auf sie zu.

Robert (küßt ihr die Hand): Wir kommen zu spät, meine Liebe!

Christine: Wie immer!

Sie stehen vor einem Tisch und sehen auf eine Automaten-puppe.

Christine: Ist die neu?

Robert: Hab ich heut gefunden. Eine kleine Negerin, aus der Romantik. Der Mechanismus funktioniert. (setzt ihn in Bewegung, Musik erklingt)

Christine: Das gefällt mir besser als Radio.

Robert (spielt mit der Puppe): Tja... hast du das von André Jurieu gehört?

Christine: Ja!

Robert (stellt die Puppe auf einen Tisch): Oh! Ich kann mir sehr gut vorstellen, wie alles gekommen ist. Es war vor seinem Flug. Er ging daran, sein Leben zu riskieren. Wie hättest du ihm da dieses... dieses kleine Zeichen von... liebender Freundschaft verweigern können, das er ja sicher auf sehr rührende Weise erbettelt hat!... Und er, er hat gedacht, es sei Liebe. (seufzt) Wie naiv die Männer sind!...

Christine wendet sich um, Robert geht auf sie zu, und sie nimmt ihn bei den Händen.

Christine: Ach, wie glücklich ich bin! Ich danke dir!

Robert: Gehn wir!

Sie gehen zur Tür.

Christine: Die Lüge ist eine schwere Last.

Robert: Lüge! Du übertreibst!

Sie gehen hinaus. Christine im weißen Mantel und Robert im schwarzen Anzug. Ein Diener hilft Robert in den Mantel.

Robert (zu Christine): Und ich – denkst du, daß ich Lügen erzähle?

Christine: Nein, ich hab volles Vertrauen zu dir!

Robert: Wirklich? (nach einer kurzen Pause) Entschuldige, Liebling, ich bin gleich wieder da.

Er geht in sein Kabinett zurück, Christine beginnt die Treppe hinunterzusteigen.

Robert im Kabinett vor einem Spiegel. Er wählt eine Nummer und setzt eine Spieldose in Gang.

Robert: Ich möchte Madame de Marrast sprechen... bist du es, Geneviève?... Ich muß dich unbedingt sehen.

Innen. Wohnung von Geneviève. Nacht.

Geneviève sitzt im schwarzen Abendkleid auf einem Stuhl, in der einen Hand den Telefonhörer, in der anderen eine Zigarettenspitze. Während des Gesprächs steht sie auf und wendet sich um.

Geneviève: Aber du brauchst doch nur zu kommen... Ach, du kannst nicht, du gehst mit Christine aus... Also gut, einverstanden, morgen früh... O nein, nein, nein! Nicht um zehn! Ja, elf Uhr, wir müssen vernünftig bleiben.

Sie legt den Hörer wieder auf, ist einen Augenblick lang nachdenklich und geht zu ihren Gästen zurück, die im Nebenzimmer zu viert am Tisch sitzen.

Sprecher (im Radio): Und nun, meine lieben Hörer, fahren wir fort mit unserer Akkordeonmusik. (Musettewalzer)

Saint-Aubin: Der arme La Chesnaye hat sicher die Nase voll!

Der Homosexuelle: Sein Fehler! Warum hat er ein Radio?

Saint-Aubin: Das ist eben der Fortschritt!

Der Homosexuelle: Das nennen Sie Fortschritt? Ist doch der reinste Exhibitionismus.

Saint-Aubin: Tja! Arme Christine. Sie tut mir leid. Sie ist hier fremd.

Der Homosexuelle: Und außerdem bist du in sie verknallt!

Saint-Aubin: Ach was! Es ist nur sicher hart, ein Milieu wie das ihre in Österreich verlassen zu müssen, ein so ausgesprochenes Künstlermilieu... ihr Vater war ein berühmter Dirigent in Wien... und plötzlich muß sie hier in Paris leben, mitten unter Leuten, die nicht mal ihre Sprache sprechen...

Der Homosexuelle: Sie hätte ja nicht zu heiraten brauchen. Hab ich vielleicht geheiratet?

Saint-Aubin: Na ja, du!

Geneviève steht im Hintergrund und schaut schweigend zu. Sie trinkt und raucht.

Der Homosexuelle: Woran denkst du, Geneviève?

Geneviève (kommt näher; zwischen dem Homosexuellen und Saint-Aubin): Ich denke an ein Wort von Chamfort. Für mich ist es fast ein Motto.

Der Homosexuelle: Und was sagt er, dein Chamfort?

Geneviève: Er sagt: In unsrer Gesellschaft ist Liebe der Austausch zweier Launen und die Berührung zweier Hautflächen...

Gelächter. Rufe: »Oh!... Oh!...«

Innen. Genevièves Salon. Tag.

Nächster Tag. Geneviève, im Hauskleid, gießt Blumen. Robert steht am Fenster und sieht hinaus auf die Place du Trocadéro.

> *Geneviève:* Wenn ich recht verstehe, heißt das, daß du mich verlassen willst.
>
> *Robert* (geht zu ihr): Meine Liebe, ich hab mich gestern abend plötzlich dazu entschlossen, meiner Frau würdig zu sein.
>
> *Geneviève:* Ah! Ich seh schon! Familienleben, Strickzeug, Eintopf und viele Kinder.
>
> *Robert:* Genau das! Ich hab das leise Gefühl, ich hab mich genug amüsiert.
>
> *Geneviève:* Ei sieh mal an!... Und all das wegen dem Radio und André Jurieu!...

Robert steht an ein Möbel gelehnt, sein Ellbogen liegt neben einem Buddha-Kopf.

> *Robert* (ironisch): Du bist sehr scharfsinnig!
>
> *Geneviève* (steht mit dem Gießkännchen in der Hand vor einem Paravent neben einem anderen Buddha und lehnt sich an dessen Schulter): Nehmen wir also an, wir trennen uns. Was würde das an deiner Beziehung zu Christine ändern?
>
> *Robert* (wendet sich weg und stützt sich mit dem Ellbogen neben »seinem« Buddha auf; verlegen): Aber alles, meine Liebe... alles!
>
> *Geneviève* (erregt): Aber doch gar nichts!... Christine ist doch das Mädchen aus Österreich geblieben, das sie immer war. Eine Pariserin würde sowas verstehn. Aber sie doch nicht!... Wenn sie die Wahrheit erfährt, wird sie dir nicht wegen deiner

Beziehung zu mir böse sein, sondern weil du sie vom Anfang der Ehe an belogen hast.

Robert wird immer verlegener.

Geneviève (off): Das ... das wird sie dir nie verzeihn.

Robert: Oh, das weiß ich!

Geneviève (sehr bewegt): Glaub mir, Robert, wenn du's mir glauben willst, ich hänge sehr an dir. Ich weiß nicht, ob es Liebe ist oder einfach nur Gewohnheit, aber wenn du mich verläßt, bin ich sehr unglücklich – und ich will nicht unglücklich sein.

Robert (überrascht und bekümmert): Liebste, verzeih mir! (geht zu ihr) Ich will dir keinen Kummer bereiten, aber... versetz dich doch mal in meine Lage!

Geneviève: Nun, glücklicherweise bist du ja ein schwacher Mann!

Robert (lacht auf): O ja! Das hab ich von meinem Vater. Der Arme! Er hatte ein schrecklich kompliziertes Leben... Gehn wir essen. (küßt ihr die Hand)

Geneviève: O ja, mit Vergnügen! Ich weiß nicht, ob es an unserm Gespräch über Gefühle liegt, aber ich sterbe heut vor Hunger!

Robert, eine Zigarette zwischen den Lippen, ordnet Gladiolen in einer Vase.

Außen. Landstraße. Tag.

André Jurieu sitzt am Steuer seines Citroën und fährt schweigend. Octave sitzt neben ihm. Sie sehen beide sehr sorgenvoll aus. Dann rast der Wagen plötzlich auf eine Böschung zu. Unfallgeräusch.

Octave ist ausgestiegen und läuft ins freie Feld.

Jurieu (off): Octave!

Octave (off): Nein, so nicht, alter Freund! Fahr du weiter, wenn du willst. Ich geh zu Fuß zurück.

Jurieu (läuft hinter ihm her): Octave... Laß mich nicht allein!

Octave: Ich hab die Nase voll von deinen Geschichten. Seitdem du von Amerika zurück bist, gibt's nur noch Diskussionen, Erklärungen... du machst mich rasend damit! Und jetzt versuchst du auch noch, mich zum Krüppel zu fahren. Ne, mein Lieber, mir reicht's, ich hau ab...

Die beiden Männer stehen sich gegenüber. Jurieu, in einer Tweedjacke, hat die Hände in den Taschen. Octave trägt einen Gabardinemantel und einen verbeulten Hut.

Jurieu: Hast du dir weh getan?

Octave: Ich wundere mich sozusagen, daß ich überhaupt noch am Leben bin. Mich hat's ganz schön an die Decke gewirbelt, mein Lieber, wie eine Feder. Nach einem Ding wie dem da weiß man nicht mehr, woran man ist. Also, wenn du dich wegen Christine umbringen willst, dann bring dich um, aber allein... ohne mich.

Jurieu: Du mußt das verstehn.

Octave: Oh, ich versteh nur, daß du verrückt bist!

Jurieu (laut): Aber ja!... Ich bin verrückt!...

Octave: Na gut, wenn du verrückt bist, dann laß dich behandeln. Aber mich laß in Ruh!

Jurieu: Du wärst ja nur allzu froh, wenn ich eingesperrt wäre! Du liebst sie nämlich auch; du bist eifersüchtig.

Octave: Aber natürlich liebe ich sie. Auf meine

Weise. Und drum will ich nicht, daß du sie dir nimmst wie ein Glas Wein. Und das mußt du kapieren: Das Mädchen ist für mich wie eine Schwester. Ich hab meine ganze Jugend mit ihr verbracht. Ihr Vater, der alte Stiller, war nicht nur der größte Dirigent, er war auch der beste Mensch, den es geben kann. Ich wollte Musik studieren und hab ihn in Österreich besucht, in Salzburg. Er hat mich aufgenommen wie einen Sohn, und ich hab ihm nie meine Dankbarkeit beweisen können. Jetzt kann ich's, verstehst du, ich kann es, weil er tot ist, weil er nicht mehr da ist und auf seine Tochter aufpassen kann. Ich kann mich um seine Tochter kümmern, und ich werd mich um sie kümmern. Und sie braucht das auch. Schließlich ist das Mädchen nicht zu Hause hier, sie ist im Ausland, die Leute um sie rum sprechen ihre Sprache nicht.

Jurieu: Eben. Wenn du Christines Glück willst, dann laß sie mit mir gehn – ich liebe sie! Es ist wirklich eine Schande, sie neben diesem Idioten von La Chesnaye sehn zu müssen, mit seinen Jagdpartien, seinem Schloß, seinen mechanischen Vögeln . . . ein Snob, der sie nicht liebt und der sie betrügt!

Octave: Na schön . . . La Chesnaye, der ist vielleicht n Snob, aber wenigstens steht er mit beiden Beinen auf der Erde . . . und du, du schwebst in den Wolken. Wenn du kein Flugzeug hast, machst du nichts als Blödsinn . . . Das siehst du ja an deiner Geschichte mit der Radiosendung. (schaut Jurieu von unter herauf an)

Jurieu (überrascht): Die Geschichte mit der Radiosendung?

Octave: Ja, die Geschichte mit der Radiosendung . . .

22

Le Bourget... wie du aus Amerika gekommen bist. (macht ausladende Bewegungen) Du bist aus Amerika gekommen, du hast ne Menge Rekorde gebrochen – ich weiß gar nicht, was für welche. Du hast nen prächtigen Empfang gekriegt. Minister sind da, mächtig viel Volk. Man hält Reden für dich. Und du, statt daß du in aller Ruhe und Bescheidenheit deine kleine Rolle als Nationalheld spielst, statt daß du dich vors Mikrofon pflanzt und irgendwas daherredest, wie es von dir erwartet wird, also, statt dessen faselst du ihnen was von Christine vor... die überhaupt keiner kennt... von Christine, in aller Öffentlichkeit... einfach so. Und nachher wunderst du dich, daß sie dir die Tür vor der Nase zuschmeißt.

Jurieu: Aber ich hab ja nur ihretwegen den Flug gemacht, den Atlantik überquert... einzig und allein ihretwegen, verstehst du!... Sie hat mich ermutigt. Und dann ist sie nicht mal zu meiner Landung erschienen...

Octave: Du vergißt, sie ist eine Dame der Gesellschaft... und diese Gesellschaft hat Gesetze, sehr strenge Gesetze.

Jurieu: Ach, laß mich mit deinen Predigten! Ich brauch keine Predigt; ich brauch Christine... Verstehst du, Octave, ich liebe sie. Wenn ich sie nicht wiederseh... krepier ich.

Octave (ernst): Du wirst sie wiedersehn.

Jurieu: Glaubst du?

Octave: Ja, ja, du wirst sie wiedersehn... Ich kümmre mich drum.

Innen. Haus von La Chesnaye. Halle und Treppe. Tag.

Im Hintergrund die Tür von Roberts Kabinett. Octave steigt die letzten Stufen hinauf. Corneille steht auf Posten, Lisette kommt durch die Halle, hinter ihr ein Diener mit einem Tablett.

> *Lisette:* Ah ... Monsieur Octave!

Octave bleibt am Treppenabsatz vor Christines Tür stehen.

> *Lisette:* Sagt man nicht mehr guten Tag?
>
> *Octave:* Guten Tag, Lisette! (küßt sie) Frisch wie eine Rose heut morgen.

Sie gehen auf Christines Tür zu.

> *Lisette:* Ja, aber Sie sehen recht finster aus! Stimmt was nicht? Ich wette, es ist wieder wegen dem Flieger. Der geht uns langsam auf die Nerven. Madame schläft schon nicht mehr deswegen.
>
> *Octave:* Lisette, hör zu: Hast du Vertrauen zu mir? Also, ich will versuchen, das in Ordnung zu bringen.
>
> *Lisette* (überrascht): Wirklich?

Robert ist im Morgenmantel aus seinem Kabinett gekommen. Er trägt einen Schal und hat einen mechanischen Vogel in der Hand, den er zum Singen bringen will. Er geht auf sie zu.

> *Robert:* Ach, du bist hier! Was treibst du denn immer?

Der Diener gibt Lisette das Tablett. Sie geht damit in Christines Zimmer. Octave wendet sich zu Robert um.

> *Octave:* Ich? Das ist sehr einfach. Ich lasse mich von den Ereignissen überwältigen.
>
> *Robert:* Was ... Hast du Ärger?
>
> *Octave:* Ja, ich hab Ärger. Erzähl ich dir später.

Robert: Ach, du bist hier, um mit meiner Frau zu sprechen. Wart, laß mich ihr wenigstens guten Tag sagen.

Sie gehen auf ihre Tür zu.

Octave: Wie du willst. Was ist das für ein Ding? Eine Nachtigall?

Robert: Was denn! Eine Grasmücke.

Octave: Na, mein Lieber, sie ist ein bißchen von den Motten zerfressen, deine Grasmücke!

Robert: Schon möglich. Aber sie singt alle zwanzig Sekunden.

Octave (vor der offenen Tür zu Christines Boudoir): Heißt es!

Robert: Du bist ein fürchterlicher Skeptiker!

Christine (an ihrer Tür): Octave! Wo hast du gesteckt? Ich erkenn dich nicht wieder.

Octave (nimmt den Hut ab): Guten Tag, Christine. (küßt sie)

Christine: Bist du nicht in Paris gewesen?

Sie gehen ins Zimmer. Robert folgt ihnen.

Robert: Du erlaubst doch?

Christine: Aber ja!

Robert (küßt ihr die Hand): Guten Tag, Liebste!

Christine: Guten Tag.

Robert: Gut geschlafen?

Christine: Ja.

Robert: Ah! Sieh an, Lisette!

Lisette (zieht die Vorhänge auf): Monsieur?

Innen. Christines Schlafzimmer. Tag.

Christine im Morgenrock und Robert mit seiner Grasmücke.

    Robert (zu Lisette): Ich hab einen Brief von Schumacher bekommen...

    Christine (verbessert ihn): Buh–ma–cher!

Sie lachen beide.

    Robert:... ja, von Ihrem Mann. (zu Christine) Er meint, daß die Wälder ohne sie schrecklich unromantisch sind...

    Christine: So, so!

    Robert:... und daß sein Metier als Jagdaufseher gräßlich langweilig ist. Also Lisette...tja, er will, daß Sie zu ihm gehen.

    Lisette (dreht sich zu ihnen um): Ich? Den Dienst bei Madame aufgeben?... Monsieur le Marquis, lieber würd ich mich scheiden lassen.

    Robert (spielt mit seiner Grasmücke): Aber nicht doch, Lisette. Dramatisieren wir's nicht!

Robert geht auf Octave zu, der sich aufs Sofa hingelümmelt hat. Christine setzt sich zu ihm.

    Octave: Sagt mal, ihr beiden, seid ihr bald fertig mit eurer Konversation?

    Robert: Na, na! Du hast offenbar meiner Frau ein großes Geheimnis mitzuteilen.

    Octave: Genau.

    Robert: Schön, ich laß euch allein.

    Octave: Wird auch Zeit.

    Robert (dreht sich im Hinausgehen noch einmal um): Schön... Kommst du mit auf »La Colinière«?

    Octave: Vielleicht!

Robert (zeigt auf die Grasmücke, die zu singen anfängt): Wie du siehst – zwanzig Sekunden. (geht hinaus)

Christine sitzt auf dem Sofa und rührt ihren Tee um. Octave ist unterdessen wieder aufgestanden.

Christine: Magst du eine Tasse Tee?

Octave (verdrossen): Nein!

Lisette: Einen schönen kleinen Kaffee mit Brot, Butter und Marmelade, hm?

Octave: Ich hab keinen Hunger.

Lisette: Oh! Da ist ja entschieden was faul. Zum erstenmal hat Monsieur Octave keinen Appetit.

Christine (auf ihrem Bett sitzend zu Octave): Willst du dich nicht setzen?

Octave: Nein!

Christine zieht ihn neben sich aufs Bett.

Christine: Also ... erzähl mir dein Geheimnis.

Octave (steif): Ich möcht mit dir über André sprechen.

Christine (springt beinahe auf): Ach, das! ... Nein!

Octave: Weißt du, daß er sich hat umbringen wollen?

Christine: Ach, das sagt man ... tut es aber nicht.

Octave (mit Nachdruck): Entschuldige ... ich war dabei!

Christine (überrascht): Wie?

Octave: Ja, wie ... wie ... mit dem Auto, was! Er wollte sich mit seiner Karre an einem Baum den Schädel einrennen.

Christine: Und was kann ich dafür?

Octave: Du kannst sehr wohl was dafür!

Christine: Versteh ich nicht.

Octave: Du verstehst nicht? Hör mal, meine kleine

Christine, du kannst dich nicht einfach so den Leuten an den Hals werfen!... Man könnte meinen, du bist immer noch zwölf. Mit mir, mit deinem alten Kameraden, geht das, verstehst du. Für mich bist du immer das... das kleine Mädchen aus Salzburg geblieben. Aber mit den andern, das kann, nun ja, das kann peinlich werden.

Christine: Also hier in Paris darf man zu einem Mann nicht nett sein, ohne daß...

Octave: Nein!

Christine: Nein?

Octave: Nein!

Christine: Oh! Dann liegt also alle Schuld bei mir?

Octave: Nicht alle. Sagen wir mal... ein Teil davon.

Christine: Aha! Ich soll mich also bei deinem Freund entschuldigen.

Octave: Nein, keine Entschuldigungen! Das wäre übertrieben... Aber du könntest ihn zum Beispiel... auf »La Colinière« einladen.

Christine: Oh, Octave! Du bist unschicklich!

Octave: Na schön, dann geh ich wieder. (steht auf und geht zur Tür) Auf Wiedersehn... oder besser: Adieu!

Christine (geht ihm nach): Oh! Wo gehst du hin?

Octave: Zu ihm.

Christine: Du verläßt mich? Du kommst nicht mit auf »La Colinière«?

Octave: Man kann nicht auf zwei Hochzeiten tanzen.

Sie lachen und umarmen sich.

Christine: Octave, laß dich...

Sie werfen sich lachend aufs Bett.

Christine (über ihm): Du bist ein Dummkopf, du lieber alter Idiot! (küßt ihn)

Octave (unter ihr ausgestreckt): Du lädst ihn ein?

Christine: Ja!

Octave: Gut!

Christine: Ja, ich lad ihn ein. Ich will nicht die Frau sein, die den Helden des Tages, den Liebling der Massen, in die Verzweiflung treibt. Wenn er mit dem Flugzeug zu Tode stürzt, wird man sagen, ich sei schuld. Man wird mich als Vamp bezeichnen, als öffentlichen Feind, als Hemmnis für den Fortschritt. Man wird vom Ausland sprechen, das seine Hand im Spiel hat. Und dann... mir graut vor Märtyrern.

Octave: Sag mal, und dein Mann? Was machst du mit ihm?

Christine (setzt sich neben ihn): Also das, mein Lieber, das ist deine Sache. Ich hab jetzt meine Pflicht getan. Was den Rest betrifft, so wasche ich meine Hände in Unschuld.

Octave (steht auf): Christine... (auf deutsch) du bist ein Engel!

Christine: Ein Engel? Oh! Oh! Oh!

Octave: Ja, du bist ein Engel. Ein gefährlicher Engel, aber trotzdem ein Engel.

Er zieht fröhlich seinen Mantel aus, läßt ihn zu Boden fallen und geht zur Tür rechts.

Octave: Lisette?

Lisette (kommt herein): Monsieur Octave?

Octave: Meine kleine Lisette, du bringst mir jetzt zwei wunderschöne Spiegeleier, eine große Scheibe Schinken und einen Schluck Weißwein; ich sterbe vor Hunger!

Lisette: Aber Sie werden zu dick.

Octave: Mach dir nichts draus, das nehm ich auf mich!

Innen. Salon. Tag.

Robert telefoniert, Octave kommt aus der Halle herein.

Robert (am Telefon): Ja gut. Richtig. Klar. Du kommst also. Ich erwarte dich auf »La Colinière«. Ja, du nimmst deinen Wagen... dann ist ja alles in Ordnung. Bis morgen! (dreht sich um, Octave kommt auf ihn zu) Ah...! Ich bin in einer schrecklichen Klemme...

Octave: Geneviève!

Robert (erstaunt): Ach, du weißt?

Robert setzt sich auf den Diwan, hinter ihm steht eine Vase mit Lilien. Octave setzt sich an das andere Ende des Diwans.

Octave: Jeder weiß es... Du hast die Nase voll, was?

Robert: Mm, nein, das nicht!

Octave: Du willst Schluß machen... Na, alter Freund, das ist ganz einfach, ich erledige das schon.

Robert: Du! Du!... Als ob du mir das abnehmen könntest!

Octave: Das ist doch furchtbar einfach. Sie ist ganz wild drauf zu heiraten. Also verheiraten wir sie.

Robert: Mit wem?... Vielleicht mit dir?

Octave: Oh! Ich, ich, ich... du weißt, heiraten ist nicht gerade meine starke Seite. Aber wenn es unbedingt sein müßte, daß ich mich opfere, würde ich mich opfern. Nicht für dich, für Christine.

Robert: Oh! Das weiß ich!

Octave (er hat die Beine übereinandergeschlagen): Dafür mußt du mir einen Gefallen tun.

Robert: Brauchst du Geld?

Octave: Nein. (steht auf und steckt die Hände in die Hosentaschen) Im Grunde bist du ja ein guter Kerl, das weißt du ja.

Robert: Hab ich von meiner Mutter.

Octave: Also. Ich will, daß du André Jurieu einlädst.

Robert: Auf »La Colinière«?

Octave: Ja!

Robert: Das ist sehr schwerwiegend, was du da von mir verlangst!

Robert steht auf und geht um den Tisch herum. Er und Octave gehen nebeneinander her.

Octave: Schwerwiegend?

Robert: Du weißt, mir ist nicht verborgen geblieben, was zwischen Christine und deinem Freund gewesen ist. Aber deshalb bin ich noch lang kein Idiot.

Octave: Oh, ist ja gar nichts passiert.

Robert (geht zu einem Tisch, auf dem ein Grammophon steht): Ah! Zum Glück!

Octave: Also lad ihn ein.

Robert: Ich riskier ne Menge dabei, ich liebe Christine nämlich. Ich wäre untröstlich, wenn ich sie verlieren würde.

Octave: Hör mal, mein Lieber, am liebsten möcht ich davonlaufen.

Robert: Na, na!

Octave: Ich möchte am liebsten ... in ein Loch verschwinden.

Robert: Und was hättest du davon?

Octave: Ich hätte davon, daß ich nichts mehr sehen muß. Ich müßte nicht mehr überlegen, was gut ist und was schlecht. Es gibt da eine gräßliche Sache auf der Welt, weißt du, und das ist, daß jeder seine Gründe hat.

Robert: Aber natürlich hat jeder seine Gründe – und ich bin dafür, daß sie offen dargelegt werden. Ich bin gegen Barrieren, verstehst du, ich bin gegen Mauern. Im übrigen werd ich aus eben diesem Grund André einladen.

Octave: Meinst du, daß es eine gute Idee ist?

Robert: Eine gute Idee? Ich vertraue Christine. Wenn sie nicht umhin kann, Jurieu zu lieben, kann ich sie nicht dadurch dran hindern, daß ich die beiden auseinanderhalte. Also, sie sollen sich ruhig sehn und sich aussprechen.

Octave: Sag mal, könnte man nicht... Geneviève auf André ansetzen?

Robert: Du Idiot, das wär nun wirklich zu einfach!... Na gut, ich zieh mich an. Ißt du was?

Octave: Oh ja! Ich eß was! (zieht das Grammophon auf)

Innen. Halle. Tag.

Robert kommt aus seinem Zimmer, umgeben von Dienstboten. Er spielt mit dem Schlüssel seiner Grasmücke.

Corneille: Monsieur le Marquis, wegen »La Colinière« ...

Robert: Weiß ich nicht, mein Lieber, fragen Sie meinen Sekretär.

Zimmermädchen (kommt mit den Hunden): Nimmt
Madame ihre Hunde mit?
Robert: Weiß ich nicht, Mitzi, fragen Sie Madame.
Mein Schlüssel! Ich hab meinen Schlüssel verloren!
Der Schlüssel ist unter eine Bank gerollt. Er sucht ihn auf
allen vieren.
Robert: Nehmen Sie mal das Möbel hier weg! Viel-
leicht ist er da drunter. Verstehn Sie, Corneille, es ist
der Schlüssel von meiner Grasmücke, und es liegt mir
viel daran.
Lisette geht mit einem Tablett vorüber.
Corneille: Aber gewiß, Monsieur, natürlich!

Innen. Salon. Tag.

Lisette tritt lächelnd mit ihrem Tablett in den Salon, wo
Octave immer noch vor dem Grammophon steht.
Octave: Stell es auf den Tisch, meine liebe Lisette...
Lisette stellt das Tablett hin.
Octave: ... und jetzt erzähl ich dir eine große Neuig-
keit. Stell dir vor: Meinen Flieger, wie du ihn nennst,
also, den nehm ich mit auf »La Colinière«!
Lisette (lachend): Na, Sie haben aber auch Einfälle!
Octave hat das Grammophon in Gang gesetzt, ein Lied
ertönt.
Octave: Einfälle! Einfälle! (läuft hinter Lisette her, sie
lacht) Einfälle nennt sie das, Einfälle! Einfälle!
Robert (kommt herein): Oh! Entschuldigung! (geht
zum Grammophon; zu Octave) Mein Lieber, du bist
kein Dummkopf, du bist ein Dichter, und ein gefährlicher Dichter dazu!
Robert dreht sich um und geht hinaus, das Lied verklingt.

Außen. Schloß »La Colinière«. Tag.

Ein Teich, das Ufer von Bäumen bestanden. Zwei Wagen fahren vor dem Schloß vor. Motorengeräusch. Schumacher und der alte Aufseher erwarten den ersten Wagen. Robert steigt aus. In der Ferne Glockengeläut.

> *Schumacher* (grüßend): Monsieur le Marquis!
> *Christine:* Oh! Oh! Oh! (Frauenlachen)
> *Schumacher* (beugt sich zum Wagen): Guten Tag, Madame la Marquise!
> *Robert:* Guten Tag!

Robert geht um den Wagen herum, um die Freitreppe zum Schloß hinaufzusteigen. Schumacher folgt ihm.

> *Schumacher:* Monsieur le Marquis werden verzeihen, daß ich während des Dienstes davon rede, aber es ist wegen meiner Frau.
> *Robert:* Ja, ja, ich weiß, mein Lieber, Sie haben mir ja geschrieben!

Christine steigt aus dem Wagen.

> *Schumacher:* Wissen Sie, was das heißt, Monsieur le Marquis? Meine Frau ist die ganze Zeit in Paris, ich bin hier, das ist kein Leben. Als wär ich Witwer. Was hat Monsieur le Marquis beschlossen?
> *Robert:* Nichts, mein Lieber! Was soll ich denn beschließen! Wenn Ihre Frau hier bei Ihnen bleiben und den Dienst bei Madame quittieren möchte, so geht nur sie das etwas an, nicht mich!
> *Schumacher:* Gut, Monsieur le Marquis!
> *Christine* (geht zur Freitreppe): Ach, wie ich mich freue, hier zu sein!
> *Robert:* Ich auch!

Der alte Aufseher: Guten Tag, Monsieur le Marquis, Guten Tag, Madame la Marquise!

Robert: Guten Tag!

Der alte Aufseher: Monsieur le Marquis, ich hab den Ofen angezündet und Holz in die Kamine gelegt.

Robert: Ist gut, mein Lieber. Halten Sie sich an Corneille.

Christine: Wie geht es Gertrude?

Der alte Aufseher: Vielen Dank, Madame la Marquise – Gertrude geht es sehr gut.

Christine: Na großartig!

Corneille (steigt aus dem zweiten Wagen): Ist die Kohle geliefert worden?

Der alte Aufseher: Jawohl, Monsieur Corneille.

Corneille: Haben Sie Holz besorgt?

Der alte Aufseher: Ja, Monsieur Corneille.

Corneille: Sehr gut, mein Lieber.

Hinter Robert und Christine kommt Lisette.

Schumacher: Tag, Lisette!

Lisette: Tag, Edouard! (lacht)

Schumacher: Geht's dir gut?

Lisette: Ja, ganz gut! (lacht etwas gequält)

Schumacher: Na, nun bist du ja endlich wieder da!

Lisette: Ja, das bin ich.

Außen. Schloßgelände. Tag.

Robert sitzt im Park auf einem Klappstuhl. Schumacher steht mit seinem Gewehr neben ihm und hält seinen Hund an der Leine. In der Ferne Schüsse.

Robert: Was ist denn das?

Schumacher: Das ist bei M'sieur des Réaux, Monsieur le Marquis. Sie töten Kaninchen.

Robert: Na und Sie, worauf warten Sie noch, bevor Sie es auch tun?

Schumacher: Wir haben bei Epinereaux eine Falle aufgestellt, Monsieur le Marquis, und eine weitere bei Tixier. (Robert streichelt die Hündin) Mit dem, was die Aufseher während der Woche erlegt haben, sind wir auf ungefähr zweihundertfünfzig gekommen.

Robert: Ist das alles?

Schumacher: Nun ja! Bei Vollmond erwischt man weniger als sonst. Jetzt müssen die Pflanzungen geschützt werden. Wir brauchen ein Drahtgitter, sonst fressen sie alles ab.

Robert: Nein, ich will kein Gitter.

Schumacher: Gut, Monsieur le Marquis!

Robert: Ich will kein Gitter, ich will keine Kaninchen: Lassen Sie sich was einfallen, mein Lieber.

Schumacher: Gut, Monsieur le Marquis! Kann ich meinen Rundgang fortsetzen?

Robert: Natürlich, Schumacher.

Schumacher geht zur großen Allee davon, wo sich ihm zwei Jagdaufseher mit Gewehren und einem Jagdhund anschließen.

Schumacher: Kommt, wir gehn durch die Foucherolles zurück.

Ein Kaninchen läuft weg, die Hündin Musette jagt ihm nach.

Der eine Jagdaufseher: Musette! Lauf, lauf... hol ihn!

Der andere: Was hat der Patron gesagt?

Schumacher (vor einer Falle stehend): Er hat gesagt,

er will kein Gitter, und er will auch keine Kaninchen... Wie das nun wieder gehen soll!

Der eine Jagdaufseher: Ah, verdammt! Die berühmte Katze von der Mühle von Meneau!

Der andere: Die hat schon ne Menge angerichtet!

Schumacher öffnet mit dem Fuß die Falle.

Der eine Jagdaufseher: Husch, husch, husch!

Schumacher (schießt auf die davonlaufende Katze): Na, jetzt wird sie uns ja wohl in Ruhe lassen.

Der eine Jagdaufseher: Ja. Mit Marceau müßte man's genauso machen.

Der andere: Der tanzt uns ganz schön auf der Nase rum.

Schumacher: Der treibt sein Spielchen mit uns, aber nicht mehr lang... Musette! Sieh mal an!...

Die Hündin kommt mit einem Kaninchen im Maul an.

Schumacher: Na, sieh mal... Was hast denn du gefunden, mein kleines Mädchen?

Der eine Jagdaufseher: Ein Kaninchen aus einer Falle.

Sie gehen alle drei hin.

Schumacher: Ah, das ist dieses Rindvieh von Marceau, der hat eine ganze Reihe von Schlingen ausgelegt. Laß es so, damit er nichts merkt.

Der eine Jagdaufseher: Jetzt wird er's ja nicht holen.

Der andere: Morgen, ganz früh.

Der eine: Außer er säuft. Dann, mein Lieber, dann steht er morgens nicht allzu früh auf!

Der andere: Ah, das Schwein! Der führt vielleicht ein Leben! Was machen wir?

Schumacher: Wir lauern ihm trotzdem auf... Musette, komm!

Gewehrschüsse in der Ferne.

Außen. Schloßgelände. Tag.

Marceau stellt an einem Feldrand sein Fahrrad ab und versteckt seine Sachen. Er setzt einen alten Hut auf und geht auf das Gut von La Chesnaye zu.

> *Marceau* (bückt sich): Aha! Da ist ja endlich eins! (hebt das Kaninchen auf)
>
> *Schumacher* (aus seinem Versteck mit den zwei Jagdaufsehern, die Zweige auseinanderbiegend): Marceau?... Tag, Marceau.
>
> *Marceau:* Guten Tag, Schumacher! Wie geht's? Willst du mein Kaninchen?
>
> *Der eine Jagdaufseher* (zu Marceau): Gib's her. (nimmt ihm das Kaninchen ab)
>
> *Schumacher:* Los, geh voraus!

Ein Kaninchen läuft weg. Gewehrschüsse. Robert, der sich umdreht, als er die Rufe der Jagdaufseher hört. Die vier Männer kommen auf ihn zu.

> *Schumacher:* Los, vorwärts! Trödel nicht so rum. Los!
>
> *Robert:* Was ist los? Was gibt's?
>
> *Schumacher:* Das ist Marceau, Monsieur le Marquis!
>
> *Robert:* Marceau was? Wer ist Marceau?
>
> *Schumacher:* Na, Marceau, der Wilderer!
>
> *Robert:* Aha... Kommen Sie mal her!
>
> *Schumacher* (kommt mit ihm näher): Wir haben ihn auf frischer Tat ertappt.
>
> *Robert:* Auf frischer Tat von was?
>
> *Schumacher:* Er hat am Rand des Wäldchens Schlingen ausgelegt.
>
> *Robert:* Er tötet Kaninchen?... Aber das ist doch ein wertvoller Mann! Lassen Sie ihn sofort frei.

Schumacher: Monsieur le Marquis scherzt wohl?

Marceau: Wußt ich's doch, daß mich M'sieur le Marquis versteht. Das ist ein intelligenter Mann, der, der ist nicht so wie... wie dieser Rohling da! (zeigt wütend auf Schumacher)

Schumacher: Rohling? Dir bring ich's schon noch bei! (Geschrei)

Marceau: Aber was hab ich denn getan? Wegen so einem kleinen Kaninchen... nur wegen so einem kleinen Kaninchen...

Schumacher (gleichzeitig): Solche Lumpen sollte man erschießen dürfen!

Marceau (will sein Kaninchen wieder nehmen): Wegen nichts, wegen nichts, wegen gar nichts!

Robert: Du heißt Marceau?

Marceau: Ja, Monsieur le Marquis.

Robert: Und du bist Wilderer?

Marceau: Ich bin eigentlich Stuhlflechter. Nur, in meinem Beruf, da ist's wie überall, die Krise. Monsieur le Marquis wird das verstehn. Ich muß mich beschäftigen.

Schumacher (off): Das nennst du dich beschäftigen? M'sieur le Marquis, im Krieg hab ich auf Kerle geschossen, die haben weniger angestellt als der.

Robert (ungeduldig): Schon gut! Schon gut! Marceau, dein Gesicht gefällt mir.

Marceau (begeistert): Monsieur le Marquis ist zu gütig!

Schumacher: Aber M'sieur le Marquis, das ist einer von der schlimmsten Sorte!

Robert (zu Schumacher): Sein Sie still! (zu Marceau)

Anstatt ... na, sagen wir mal, als Amateur zu arbeiten, würdest du nicht lieber für mich Kaninchen
töten?

Marceau: Oh! ... Monsieur le Marquis will mich
anstellen! ... Ach so! ... Da sag ich nicht nein.
Schließlich, wenn ... wenn ich wildere, so tu ich das
nicht aus Böswilligkeit ... es ist nur, um meine alte
Mutter zu ernähren! ...

Schumacher: Monsieur le Marquis, er hat gar keine
alte Mutter!

Marceau (dreht sich entrüstet um): Ich ... ich habe
keine alte Mutter? Was ... ich hab keine alte
Mutter? ...

Robert: Schumacher, machen Sie Ihre Runde weiter.
Lassen Sie uns in Ruhe!

Schumacher: Gut, Monsieur le Marquis. (geht mit
den Jagdaufsehern weg)

Robert (amüsiert): Nun denn, Marceau ... Du hast
hier doch sicher noch mehr Schlingen gelegt? Willst
du mir nicht eine zeigen?

Marceau: Gern, Monsieur le Marquis ... Nachdem
ich bei Ihnen im Dienst bin, kann ich's Ihnen nicht
abschlagen! ... Hier lang!

Sie gehen los. In der Ferne Gewehrschüsse. Die beiden
gehen gebückt durchs Unterholz und suchen.

Marceau: Halt, Monsieur le Marquis, hier. Also hier
ist eine Schlinge, die ist schlecht gelegt.

Robert: Warum?

Marceau: Weil hier ein Wechsel ist, der nicht mehr
benutzt wird. Das hätt ich sehen müssen.

Robert: Na schön, jeder kann sich mal irren.

Marceau: Oh! Nein ... Oh! Nein ... Das ist ärgerlich. Wenn Schumacher das sehen würde, würd er mich auslachen.

Robert: Ah! Du kannst auf meine Verschwiegenheit zählen.

Marceau: Vielen Dank, Monsieur le Marquis.

Sie stehen vor einer Gruppe Birken.

Robert: Nun, Marceau, arbeitest du gern für mich?

Marceau: O ja, sehr gern, ich würd allerdings lieber im Schloß arbeiten.

Robert: Warum? Die schönen Wälder hier, die Natur...

Marceau: Ja schon, nur halt eben Schumacher... Man glaubt, man ist hier zu Haus, aber es ist schon eher sein Territorium... während im Schloß, da müßte er mich in Ruhe lassen... Und dann hab ich schon immer davon geträumt, Diener zu sein.

Robert: Was für eine seltsame Idee! Warum denn das?

Marceau: Wegen der Livree! Eine Livree, das wär mein Traum!

Robert lacht.

Außen. Schloßeingang. Tag.

Ein großer Wagen fährt vor das Schloß. Es regnet in Strömen. Corneille steht im Eingang und ruft einen Diener mit einem Schirm herbei.

Corneille: He! He! Das Gepäck!

Der Diener: Ja!

Corneille begrüßt unter dem Schirm die Gäste am Wagenschlag.

Geneviève (steigt aus dem Wagen): O la la!... Was für ein Wetter! Regnet's schon lang so?

Corneille (führt Geneviève unter dem Schirm bis zum Eingang): Seit einer halben Stunde, Madame. Mittags war noch herrliches Wetter.

Geneviève: Und wird's noch lang regnen?

Corneille: Tja, ich weiß nicht, Madame. Letztes Mal, als wir mit dem Herrn Marquis hier waren, hat's zwei Wochen geregnet!

Geneviève: Na, das kann ja heiter werden!

Innen. Halle im Schloß. Tag.

Geneviève geht hinein, gefolgt von Saint-Aubin, während Corneille die Tür aufhält. Geneviève trifft in der Halle mit Monsieur de La Bruyère und dem General zusammen, der ihr die Hand küßt. Im Hintergrund Charlotte de la Plante und Jackie.

Geneviève: Guten Tag, Herr General! (Rufe, Wortwechsel) Ah, welch ein Wetter! So ist es jedesmal, wenn ich aufs Land fahre: Es regnet.

Der General: Das ist ausgezeichnet für die Gesundheit! Es erfrischt die Gedanken.

Geneviève: Guten Tag, La Bruyère! (dreht sich um und steht nun zwischen dem General und La Bruyère) Brrrrr!

Der General (im allgemeinen Durcheinander zu Geneviève): Erlauben Sie, meine Liebe! Sie sind ja naß wie ein begossener Pudel. (nimmt ihr den Mantel ab)

La Bruyère: Philippe ist auch da.

Geneviève (zu La Bruyère): Und Ihre Frau, wo haben Sie sie gelassen?

La Bruyère: Sie ist in der Küche. Mit Christine. Die beiden reden über Haushalt.

Geneviève: Oh, wie interessant! Sie kommen aus Tourcoing?

La Bruyère: Ja!

Geneviève: Ah! Von Ihren Fabriken. Regnet's dort auch?

La Bruyère: Wie überall. Wir haben bis hierher nur acht Stunden gebraucht, die Durchfahrt durch Paris eingerechnet, und die Straßen sind glitschig.

Geneviève: Das ist ein Rekord ... Guten Tag, meine liebe Jacqueline. (geht auf Jackie zu) Oh, du bist aber groß geworden!

Jackie: Finden Sie?

Geneviève: Und was macht das Studium? Du lernst doch Chinesisch, nicht?

Jackie: Aber nein, Geneviève, ich studiere präkolumbianische Kunst.

Geneviève (überzeugt): Oh! Das ist sicher aufregend! (dreht sich um zu Charlotte, die aus dem Zimmer nebenan kommt) Guten Tag, meine liebe Charlotte, wie geht's dir?

Charlotte: Guten Tag, meine Liebe! Sag mal, du bist aber eher magerer geworden.

Geneviève: Aber nein!

Charlotte: Sei vorsichtig, das wird dir schlecht bekommen!

Geneviève: Charlotte, ich schwör's dir!

Charlotte: Und das da? (zeigt auf die Ringe unter den Augen) Mir machst du nichts vor!

Der Homosexuelle (taucht plötzlich auf): Charlotte, spielst du nun oder spielst du nicht?

Charlotte: Ja, ja, ich spiele!

Der Homosexuelle: Bist du dabei, Geneviève?

Geneviève: Oh, ich finde Bridge tödlich langweilig!

Charlotte (im Weggehen): Aber wer spricht denn von Bridge? Belote, meine Liebe, Belote!

Der Homosexuelle (geht ihr nach und dreht sich noch einmal um): Geneviève, du mußt mir die Adresse von deinem Friseur geben, ja?

Geneviève und der General gehen zum Treppenaufgang, oben auf der Treppe stehen Robert und Saint-Aubin.

Robert: Guten Tag! Geht's Ihnen gut?

Saint-Aubin: O ja, mein Lieber, danke!

Der General (zu Geneviève): War es Ihnen nicht zu kalt, meine Liebe?... Um so besser!

Robert kommt die Treppe herunter zu Geneviève. Er küßt ihr die Hand. Sie sind allein.

Geneviève: Ist es wahr, daß du André Jurieu eingeladen hast?

Robert: Ja. Stört's dich?

Geneviève: Oh, im Gegenteil!

Innen. Küche im Schloß. Tag.

Ein Küchengehilfe in weißer Schürze und Mütze trägt einen Korb mit Lauch durch die Küche. In der Mitte der Küche Christine und Madame La Bruyère.

Christine: Ist Georges nicht da?

Der Gehilfe: Nein, Madame la Marquise. Er ist mit dem Lieferwagen nach Orléans, Fisch einkaufen.

Christine: Sagen Sie ihm, daß Madame La Bruyère Diät hat. Sie ißt alles, nur kein Salz.

Madame La Bruyère: Oh, im Gegenteil! Viel Salz, aber Meersalz. Und erst dazugeben, wenn die Speisen gekocht sind. Es ist ganz einfach, ein Kind würde es verstehen... erst nach dem Kochen!

Christine: Haben Sie Meersalz?

Der Gehilfe: Nein, Madame, aber wir werden welches besorgen.

Christine (zu einem Kellner im Frack): Adolphe, Madame La Plante...

Adolphe: Ah ja, Madame la Marquise, fast hätt ich's vergessen: kein Tee, Kaffee!

Christine: Und für den Herrn General eine Scheibe Zitrone in heißem Wasser.

Adolphe: Gut, Madame!

Madame La Bruyère: Ah, ich weiß, die Arthritis!

Sie gehen hinaus. Der Gehilfe hebt den Blick zum Himmel.

Adolphe (ruft in den Servicelift): Paul!

Eine Stimme: Einen Augenblick!

Ein Dienstmädchen (vor einer Anrichte, zu Adolphe): Und André Jurieu? (lacht)

Adolphe macht »Schscht!«. Das Dienstmädchen setzt wieder eine seriöse Miene auf und nimmt ein Tablett. Christine und Madame La Bruyère steigen die Treppe zur Halle hinauf.

Madame La Bruyère: Was halten Sie von der Diphterie-Impfung?

Christine: Ich? Ich weiß nicht.

Madame La Bruyère: An der Sanitätsstelle der Fabrik haben wir hervorragende Ergebnisse erzielt damit.

Christine: Ach wirklich?

Innen. Halle. Tag.

Jurieu kommt im Regenmantel die Freitreppe vor dem Schloß herauf, begleitet von Corneille mit geöffnetem Schirm. Sie gehen bis zur offenen Eingangstür. Jurieu dreht sich zum Wagen um.

Jurieu: Was suchst du denn? Deinen Koffer?

Madame La Bruyère und Christine kommen von der Küche in die Halle herauf. Christine schaut zur Freitreppe und wendet sich ab.

Madame La Bruyère: ... Ja, mein Ältester hatte eine Angina, und ich hatte schon befürchtet, es seien die Masern. Sie sehen also, was für Sorgen man ... Wer ist dieser Herr?

Christine: André Jurieu.

Madame La Bruyère: Der Flieger?

Christine: Ja.

Madame La Bruyère: Oh! Was für ein Glück! Ich werde ihn um ein Autogramm für meinen Ältesten bitten.

Die beiden sehen den neu Angekommenen entgegen. Draußen plätschert der Regen.

Octave (eintretend): Guten Tag, Christine!

Christine (läuft ihm entgegen): Guten Tag, Octave! Aah!

La Bruyère streckt den Kopf durch eine Tür im Hintergrund.

Christine: Guten Tag, André.

Jurieu: Guten Tag, Christine!

Christine: Es ist sehr freundlich von Ihnen, daß Sie gekommen sind.

Jurieu: Die Freundlichkeit ist auf Ihrer Seite!

Robert (kommt dazu; Christine, Jurieu und Octave drehen sich zu ihm um): Ah, mein lieber André! Wir fühlen uns glücklich und geehrt, Sie bei uns zu sehen. Sie kennen ja alle.

Er nimmt Christine bei der Hand. Die Gäste stehen um sie herum. Geneviève kommt dazu, dann Charlotte und der Homosexuelle.

La Bruyère: Mein lieber Jurieu! Sie kennen meine Frau noch nicht. Sie möchte Sie gern um ein Autogramm für unsern Ältesten bitten.

Madame La Bruyère: Ich hoffe, Sie lassen sich auch einmal in Tourcoing sehen?

Saint-Aubin: Monsieur Jurieu, tatsächlich! Ich hab Sie lang nicht mehr gesehn. Das ist ja wunderbar!

Der General: Mein lieber Jurieu, ich bin entzückt, Sie zu sehen. Und ich bin sehr stolz darauf, Ihnen die Hand drücken zu dürfen.

Jurieu (verlegen): Herr General...

Der General: Doch, doch, doch, wirklich sehr stolz. Sie sind ein Mann, wirklich ein Mann. Das ist eine Rasse, die ausstirbt.

Der Südamerikaner: Guten Tag!

Geneviève: Sie sind also nicht mit dem Flugzeug abgestürzt. Lassen Sie sich umarmen. Ich freue mich zu sehr, Sie hier zu sehen.

Jackie: Und ich, André? Darf ich dich auch umarmen?

Charlotte: Na, und ich?... Und ich?... Und ich?

Christine: Und ich?... Mir scheint, ich hab ein Recht darauf. (geht auf Jurieu zu und küßt ihn; allgemeines Durcheinander)

Der Homosexuelle (im Vorbeigehen): Glaubst du, daß er Belote spielt?

Charlotte: Aber sicher!

Der Homosexuelle: Wolln wir ihn mal fragen?

Der Südamerikaner (Berthelin hinter sich herziehend): Kommen Sie, wenn das so weitergeht, können wir bald den Aperitif auf eigene Kosten trinken gehen.

Saint-Aubin (neben dem General, flüsternd): Es spielt sich mitten in der Familie ab...

Der General (auffahrend): Was soll das heißen?

Saint-Aubin: Na, das mit Jurieu und Christine...

Der General: Aber, was geht Sie denn das an?... Wir sind hierhergekommen, um zu jagen, zum Donnerwetter – nicht, um unsere Memoiren zu schreiben!

Der Homosexuelle (zu Charlotte): Also haben sie nun oder haben sie nicht?

Charlotte: Sie haben!

Der Homosexuelle: Schade... ein so distinguierter Junge!

Christine hat sich zu André gestellt, der sie ansieht. Sie spricht in die Runde, und während sie spricht, kommen Robert und Octave in ihre Nähe und hören aufmerksam zu.

Christine: Meine lieben Freunde, ich muß euch etwas über meine Beziehung zu André Jurieu sagen. Ich hab meinen kleinen Anteil am Gelingen seiner Heldentat. Und das war so: Während seiner Vorbereitungen hat mich André oft besucht. Wir haben viele Stunden zusammen verbracht – sehr schöne Stunden – Stunden im so seltenen Zeichen der Freundschaft. Er hat

mir von seinen Plänen erzählt, und ich hab ihm
zugehört. Das ist sehr wichtig: zuhören!... Und in
diesem Fall war es nicht umsonst; darauf bin ich sehr
stolz! Das wollt ich euch jetzt sagen.

Lachen. Robert geht auf den General zu, der sich seinerseits Christine zuwendet.

Der General: Bravo, Christine!

Jackie: Oh, Tante! Wie glücklich ich bin!

Robert: Also ich bin dafür, daß wir zu Ehren von
Jurieu ein Fest veranstalten, ein großes Fest...

Der General: Ausgezeichnete Idee!

Robert: ... Wir spielen was. Wir verkleiden uns.

Charlotte: Ja, genau, wir verkleiden uns.

Robert: Wir amüsieren uns ganz unter uns, so unge-
zwungen es nur geht! (albert herum) Wann machen
wir das, Herr General?

Der General: Hm! Ja aber... (wendet sich zu Christine)

Christine: In einer Woche, nach der Jagd.

Der General: Vortrefflich! Nach der Jagd.

Robert (gleichzeitig): Also komm mit, Christine, wir
zeigen ihm sein Zimmer.

Der General: Sie sind ja wirklich alle reizend! Saint-
Aubin, kommen Sie, spielen Sie Billard mit mir.

Saint-Aubin: Zu Befehl, Herr General!

Charlotte: Wer spielt eine Partie Tischtennis mit
mir?

Der Homosexuelle: Ich! Ich! Kommst du mit, Geneviève?

Geneviève: Nein, danke!

Madame La Bruyère: Ein Fest? Wozu?

Monsieur La Bruyère: Was heißt: wozu?

Madame La Bruyère: Nun, man könnte eins zugunsten einer Insti...

Jackie (will ihr aus dem Mantel helfen): Ihr Mantel, Madame?

Madame La Bruyère: Nein... ich werde ihn gleich ausziehen, wenn ich auf meinem Zimmer bin. Danke!... Was für ein charmanter Junge, dieser Monsieur Jurieu! Er ist sicher gut situiert!

Jackie: O ja, sicher!

Madame La Bruyère: Das wär doch eine Partie für dich, Jackie!

Jackie: Wissen Sie, ich glaub nicht, daß André mich überhaupt wahrnimmt!...

Madame La Bruyère: Nun, man könnte ja vielleicht eine kleine Zusammenkunft bei mir arrangieren... in Tourcoing... hm?

Innen. Küche. Abend.

Das Serviermädchen kommt herein, gefolgt vom Chauffeur. Lisette steht am Ende des langen Eßtisches, an dem das Personal beim Essen sitzt.

Serviermädchen: Dieser Jurieu ist wirklich ein attraktiver Mann! Schade, daß Madame...

Ein Diener: Wißt ihr, daß sie ihn an ihre rechte Seite gesetzt hat?

Eine Frau: An ihre rechte Seite?... Wo an ihre rechte Seite?

Ein Mann: An ihre rechte Seite eben, bei Tisch!

Serviermädchen: Na, das ist ja nicht grad das Richtige! Ich bin dafür, daß man im Leben das macht, was einem Spaß macht, aber Benehmen ist Benehmen!

Lisette (nimmt Spargel von ihrem Tablett): Na...
kümmer dich nicht um Madame... sie braucht deine
Ratschläge nicht! (zu ihrem Nachbarn) Spargel?
Der Diener neben ihr: Nein danke! Keine Konserven.
Ich mag nur frisches Gemüse, wegen der Vitamine.
(stößt seine Gabel in das Gurkenglas)
Der englische Diener: Geben Sie mir bitte den Senf?
Eine Stimme: Ja, hier!
Lisette (lachend): If you please!
Er: Danke!
Adolphe (zum Koch am Herd): Chef, haben Sie an
das Meersalz für Mère La Bruyère gedacht?
Der Koch: Madame La Bruyère ißt dasselbe wie alle
andern auch... basta! Diät – das akzeptiere ich, aber
nicht Marotten.
Das Serviermädchen (steht nun hinter Corneille, der
gegen die Mitte des Tisches hin sitzt): Trotzdem,
Madame übertreibt mit ihrem Flieger!
Der englische Diener: Wo man sich Zwang antut, gibt
es kein »pleasure«!
Das Serviermädchen: Na, na, na! Und wie denken Sie
darüber, Monsieur Corneille?
Corneille: Sollte man Sie danach fragen, sagen Sie am
besten, Sie wissen nichts davon.
Das Serviermädchen: Oh, das ist aber nicht nett, Herr
Feldwebel...
Ein Dienstmädchen: Den Senf, bitte!
Eine Stimme: Da!
Ein Dienstmädchen: Danke!
Der Chauffeur: Nun, mein lieber Corneille, Sie
haben ja doch zehn Jahre bei dem Comte de Vaudois
gedient...

Corneille: Verzeihung, zwölf Jahre, und ich wär noch immer dort, wenn der Herr Graf mit seinem Lebensmittelhandel nicht bankrott gegangen wär.

Der Chauffeur: Also gut, hat da die Gräfin...?

Corneille: Nein, mein Lieber, die Gräfin hatte keinen Liebhaber!

Lisette: Na klar! Die Gräfin war ja auch fünfundachtzig und wurde in einem Rollstuhl herumgefahren. Sie werden sie doch wohl nicht mit Madame vergleichen, oder? (lacht)

Der Chauffeur (off): Der Comte de Vaudois war auch kein Ausländer.

Lisette: Was soll das nun wieder heißen?

Der Chauffeur:... Nur, daß die Mutter von La Chesnaye einen Vater hatte, der Rosenthal* hieß und aus Frankfurt stammte, das ist alles! ...(off) Im übrigen bin ich sicher, daß dein Mann derselben Meinung ist wie ich!

Lisette wendet sich wütend ab. Schumacher kommt die Treppe herunter.

Der Chauffeur: Nicht wahr, Schumacher?

Schumacher (auf dem Treppenabsatz): Ich weiß nicht, wovon du redest, ich komm ja erst, ich kann's also nicht wissen!

Der Koch (kommt hinter Corneille an den Tisch): A propos Juden: Bevor ich hierhergekommen bin, war ich beim Baron d'Epinay. Da gab's garantiert keine. Aber ich muß auch sagen, die haben gefressen wie die Schweine... deswegen bin ich auch gegangen.

---

* Anspielung auf die Rolle von Dalio als Rosenthal in *La grande illusion*.

Schumacher (zu Lisette hinuntergebeugt): Hast du noch lang zu tun, Lisette?

Lisette: Ich weiß nicht, Madame braucht mich noch.
Schumacher geht wieder.

Der Koch (zwischen zwei Dienern, die essen): Und dieser Ausländer von La Chesnaye hat mich neulich rufen lassen, um mich wegen einem Kartoffelsalat anzuschnauzen. Ihr wißt ja, vielmehr, ihr wißt es nicht... (Musik) damit dieser Salat eßbar ist, muß man Weißwein über die Kartoffeln gießen, solang sie noch kochend heiß sind. Célestin hat das nicht gemacht, er wollte sich nicht die Finger verbrühn. Der Marquis hat das sofort gerochen. (Musik) Da könnt ihr sagen, was ihr wollt, aber der hat Lebensart. (geht wieder)

Schumacher (trifft auf der Treppe Marceau, der mit einem Kleiderkarton die Treppe herunterkommt): Aha, da bist du ja!

Eine Stimme: Oho! Wen haben wir denn da?

Marceau: Ich möchte mit Monsieur Corneille sprechen.

Corneille (dreht sich um, nimmt beim Sprechen die Brille ab und setzt sie wieder auf): Was wollen Sie, mein Lieber?

Marceau: Ich bin der neue Diener. Monsieur le Marquis hat sicher zu Ihnen von mir gesprochen.

Corneille: Was können Sie, mein Lieber?

Marceau: Ich? Ja, ich weiß nicht... so alles mögliche.

Corneille: Können Sie Schuhe putzen, mein Lieber?

Marceau: O ja! Was Kleidung betrifft, Monsieur Corneille, da bin ich sozusagen Spezialist!

Corneille: Na gut, morgen früh holen Sie die Schuhe

vor den Gästezimmern und beschäftigen sich mal damit.

Marceau: In Ordnung, Monsieur Corneille. Wird hier gegessen?

Corneille: Ja, mein Lieber.

Der Nachbar von Lisette (off): Oh! Ich muß wieder zum Dienst.

Lisette (zu Marceau): Kommen Sie, setzen Sie sich hierhin!

Marceau geht zu Lisette hin.

Lisette: Germaine, einen Teller. Wie heißen Sie?

Marceau: Marceau. Und Sie, Mademoiselle?

Lisette (berichtigend): Madame. Ich heiße Lisette und bin Madame Schumacher. (Musik)

Marceau wendet sich ab und will wieder gehen.

Lisette: Aber nein, deswegen können Sie sich trotzdem ruhig hinsetzen! (Musik)

Ein Diener: Versteht der Jagdaufseher was von seinem Geschäft?

Ein anderer: Er ist ganz gut.

Der Diener: Ich hoffe, er bringt was Gescheites zusammen. Letztes Jahr bei Michael waren es am ersten Tag nicht mal sechzig Fasane! Jämmerlich!

Der andere: Der Lügner!

Marceau schlingt das Essen hinunter und grinst Lisette zwischendurch an.

Ein weiterer Diener: Mir ist das völlig egal, vorausgesetzt, ich muß keine Kaninchen essen. Alles was sie wollen, aber Kaninchen eß ich nicht.

Der Koch: Hast du hier Kaninchen schon anders gegessen als in der Pastete?

Der Diener: Oh, davon red ich nicht!

Der Koch geht wieder.

Eine Stimme von draußen: Sag mal, La Chesnaye, bist du mit deiner Delahaye zufrieden?

Der Chauffeur: Letzten Monat, die Strecke Cannes-Paris, in zehn Stunden fünfunddreißig Minuten ... den Halt fürs Essen mit eingerechnet!

Die Musik endet. In den Herrschaftsräumen schlägt eine Kaminuhr.

Innen. Halle und Gänge. Nacht.

In der Halle steht Robert, umringt von einem Dutzend Gästen.

Stimme: Pardon!

Robert: Also, abgemacht, meine lieben Freunde: Nach der Jagd organisieren wir ein kleines Fest.

Eine Stimme: Was für ein Fest?

Octave: Ein Fest unter uns!

Eine Stimme: Und man kann sich verkleiden?

Eine andere: Ja, sicher!

Robert: Jetzt aber ins Bett, morgen ...

Eine Stimme: Gute Nacht!

Eine andere: Gute Nacht!

Robert: Ich begleite Sie: Ich will sehen, ob Sie alles haben, was Sie brauchen.

Die Gäste wünschen Christine gute Nacht. Geneviève umarmt sie.

Der General: Oh, bei Ihnen, mein lieber La Chesnaye, ist immer alles da, was man braucht. Sie haben ein vorzügliches Haus, das ist selten. Meine liebe Christine, Sie sind ein Muster von Gastgeberin.

Robert: Hier lang, Herr General!

Ein Gast: Herr General!

Ein anderer: Pardon, Gute Nacht, Madame!

Ein weiterer: Gute Nacht, Monsieur!

Im ersten Stock, oben auf der Treppe.

Jackie: Gute Nacht, Madame La Bruyère!

Madame La Bruyère: Gute Nacht, meine liebe Jakkie! Sag mal, bevor du schlafen gehst, wollt ich dich noch fragen, was ist das für eine Kunst, die du da studierst... die präkolumbianische?

Jackie: Es ist die Kultur in Amerika vor Christoph Kolumbus.

Madame La Bruyère: Ach so! So Negergeschichten!

Eine Uhr schlägt.

Jackie: Aber nein, Madame, da gab's noch keine Neger in Amerika.

Madame La Bruyère: Aha, ja was gab's denn dann?

Jackie: Nun, die Indianer!

Madame La Bruyère: Ach ja, natürlich! Wie dumm ich bin!... Buffalo Bill!

Jackie bricht in Gelächter aus und geht.

Auf dem Gang im ersten Stock gehen die Gäste auf ihre Zimmer.

Eine Stimme: Gute Nacht!

Eine andere: Gute Nacht!

Der Südamerikaner: Bonna nocte!

Eine Stimme: Mein Koffer!

Eine andere: Wir haben eine herrliche Aussicht, meine Liebe! Schade, daß es schon dunkel ist!

Robert kommt in den Gang. Berthelin erscheint mit einem Jagdhorn.

Berthelin: Ein Jagdhorn! Haben Sie früher Hetzjagden veranstaltet?

Robert: Ja, als mein Vater noch lebte. Octave, mach nicht zu viel Lärm.

Eine Uhr schlägt.

Der Südamerikaner: Ich geb ne große Vorstellung mit dem Degen.

Eine Stimme: Ist das nicht ein bißchen gefährlich?

Eine andere: Ich zeige Kartentricks.

Robert: Gut jetzt, alles was Sie machen, ist sicher prima... amüsieren Sie sich gut.

Berthelin bläst ins Jagdhorn. Der Homosexuelle wirft mit einem Kopfkissen.

Robert: William, ich brauche Sie nicht mehr, Sie können sich zurückziehn. Liebe Geneviève...

Geneviève: Gute Nacht!

Octave: Gute Nacht, mein Lieber. Zufrieden, he?

Eine Stimme: Ach, du!

Saint-Aubin küßt Christine die Hand.

Eine Stimme: Gute Nacht, La Chesnaye!

Robert: Gute Nacht! (in Christines Zimmertür) Meine liebe Christine, ich bin dir sehr dankbar.

Christine: Aber warum denn?

Robert: Nun, daß du mich nicht lächerlich gemacht hast. Die Situation war sehr heikel, die Leute haben uns beobachtet. Auch André Jurieu hat sich gut verhalten. Ja, es war wirklich eine fürchterliche Situation, und du hast dich großartig gehalten. Mein Kompliment!

Christine: Gute Nacht, Robert!

Robert: Gut Nacht, Christine! (küßt ihr die Hand und geht)

Das Horn hat aufgehört zu blasen.

Christine (in ihrem Zimmer; zu Lisette): Lisette, du

kannst mich allein lassen. Ich brauch dich nicht mehr.

Lisette: Ist gut! Gute Nacht, Madame! (geht zu einer Seitentür)

Christine: Gute Nacht... Lisette?

Lisette (kommt zurück): Ja, Madame?

Christine: Möchtest du keine Kinder haben?

Lisette: O ja, Madame! Nur macht es viel Arbeit, man muß ständig hinterher sein... oder man braucht erst gar keine zu haben.

Christine: Das ist ja das Schöne. Ich denk an nichts andres mehr.

Lisette: Weiß Madame schon, daß ein neuer Diener da ist? Er ist sehr nett... hm! Er heißt Marceau.

Christine: Vorsicht vor deinem Mann, er heißt Schumacher!

Lisette (geht wieder zur Tür): Und der Freund von Monsieur Octave heißt André Jurieu!... Gute Nacht, Madame!

Christine macht ein nachdenkliches Gesicht und schließt die Tür.

Octave (im Gang draußen; greift neckend nach Lisette): Guten Abend. He, Lisette? Lisette?... Na, er hält sich ja ganz gut, mein Flieger!... Du riechst verdammt gut, hast du dich parfümiert?

Lisette: Lassen Sie mich!

Octave: Oh! Oh! Da ist etwas im Tun.

Der Südamerikaner: Gute Nacht!

Octave: Oh, Sie sind noch nicht schlafen gegangen?

Octave lacht und schlägt Lisette auf den Hintern. Auch sie lacht und läuft weg. Dann geht Octave zu Geneviève, die in ihrer Zimmertür steht.

Geneviève: Sieh mal an, Octave!

Octave (nimmt ihr eine Blume vom Kleid): Na, das wär's ja!

Geneviève: Was wär's?

Octave: Nun, es läuft doch ganz gut! Bist du zufrieden?

Geneviève: O ja! Ich bin entzückt!... Endlich liegen die Karten offen auf dem Tisch.

Octave: Ja, aber es liegt in deinem Interesse... nun, deine Karten nicht allzu offen aufzudecken. Gute Nacht, Geneviève!

Geneviève: Gute Nacht, Octave!

Octave (im Weitergehen): Gute Nacht, Herr General!

Der General: Ah, mein Freund! Das mit der Radiogeschichte hab ich ja gar nicht gewußt. Es bestätigt nur meine Meinung: Die kleine Christine hat echte Klasse, und das ist selten geworden heutzutage, wirklich selten!

Octave: Schlafen Sie gut, Herr General.

Der General: Danke, gute Nacht.

Innen. Zimmer von Octave und Jurieu. Nacht.

Octave schließt die Zimmertür. Er geht zu seinem Bett und zieht seine Jacke aus.

Octave: Nun, was sagst du?

Das Horn ist wieder zu hören.

Jurieu: Zu was?

Octave: Nun, zu allem. Läuft doch ganz gut, oder?

Jurieu: Oh! Ich hätt Lust abzuhauen, ja wirklich!

Octave: Aber nicht doch, mein Lieber! Ich hab mich so bemüht, dich hierherzukriegen. Und jetzt, wo du hier bist... bleibst du auch hier! (Pause) Sag mal, magst du Kopfkissen?... Ich hasse Kopfkissen! (wirft sein Kopfkissen durchs Zimmer)
Jurieu: Hast du's bald mit deiner Herumhampelei?
Octave: Ooooch!

Außen. Wald. Tag.

Die Jagdgesellschaft geht den Waldrand entlang. Allen voran Schumacher, dann die Jäger und die Treiber.
Monsieur La Bruyère: Entschuldigen Sie, Saint-Aubin, es war mir ein bißchen peinlich, wie ich den Fasan geschossen habe, ich dachte, er kommt in meine Richtung, aber eigentlich hat er Ihnen gehört!
Saint-Aubin: Aber keineswegs, er hat Ihnen gehört, das war doch ganz klar.
La Bruyère: Nein, nein. Als ich auf ihn schoß, flog er über der kleinen Kiefer...
Saint-Aubin: Aber ich versichere Ihnen, mein Lieber, das stimmt nicht, er gehört Ihnen.
La Bruyère: Ah, Sie sind zu liebenswürdig!
Robert (inmitten der Gruppe der Jäger; zum General): Nun, Herr General, ich hab für Sie den siebten Anstand reserviert.
General: Aha, aha!
Robert: Es ist ein bißchen weit, aber die Fasane kommen da sehr schön... für gewöhnlich. (zu Saint-Aubin, der hinter ihnen steht) Saint-Aubin, Sie werden neben dem Herrn General sein.

Der General: Gut, danke, mein Lieber! Aber wohin gehn die Treiber?

Saint-Aubin: Dorthin, Herr General.

Der General: Dorthin? Aha, dann muß das Wild also so kommen...

Saint-Aubin: Jedenfalls haben wir da günstigen Wind.

Robert (zu den anderen): Oh! Entschuldigen Sie mich, meine Herrn...

Saint-Aubin (entfernt sich mit dem General): Verzeihung, Herr General!

Robert: ... Schumacher wird Sie aufstellen.

Schumacher: Gut, Monsieur le Marquis. Madame de Marrast?

Geneviève: Ja, ich weiß.

Schumacher: Aha! Danke!... Monsieur Jurieu, Sie könnten vielleicht hier hinten hinaufgehen. Sie müssen ziemlich weit gehen und ein wenig vor den Treibern her. Recht viel Wild wird versuchen, über den Weg zu entkommen. Meine Damen und Herrn, wenn Sie mir folgen wollen...

Die Treiber gehen übers Feld. Schumacher geht an Jurieu und Octave vorbei ihnen nach.

Jurieu (zu Octave): Na, kommst du mit mir?

Octave: Dahin? Das ist sehr gefährlich, mein Lieber... sie werden uns für Kaninchen halten!

Jurieu: Komm, stell dich nicht so an!

Schumacher (zu einem Jäger): Der letzte Anstand... ja genau... ja, Monsieur! (dreht sich um zu Berthelin) Ah, Monsieur Berthelin... Bleiben Sie gern hier zurück?

Berthelin: Oh, mir gefällt es hier sehr gut! Ich bin

mehr als froh, wenn ich weit weg von den Schwätzern bin.

Schumacher: Ah!... Ah ja!

Im Wald. Octave bückt sich und hebt einen Zweig auf. Jurieu mit dem Gewehr über der Schulter sieht ihm zu. Dann geht er weiter, Octave ihm nach.

Jurieu: Sag mal, Octave, hast du Christine mit La Chesnaye gesehn?

Octave: Lieber Himmel! Was haben sie dir denn getan?

Jurieu: Also ich finde das widerlich. Sie treiben es wirklich zu weit.

Octave: Das ist ihr gutes Recht, schließlich sind sie ja verheiratet!

Jurieu: Oh, ich verabscheue Christine!

Octave: André?

Jurieu: Was?

Octave: Es ist grade recht hart für dich, es nimmt dich ganz schön mit, aber das geht vorbei... glaub mir, ich hab da Erfahrung. Es braucht Zeit, aber es geht vorbei...

Man hört die Treiber, die mit Stöcken gegen die Bäume schlagen, um das Wild aufzuscheuchen.

Octave:... und eines schönen Morgens wachst du auf und stellst fest, daß die Tochter deiner Concierge wunderschöne Augen hat. Und schon bist du geheilt.

Jurieu: Du wachst auf, du wachst auf... aber dazu muß ich erst mal schlafen, und ich kann nicht schlafen!

Octave: Hab ich gemerkt, mein Lieber, weiß ich. Nachts kannst du richtig entnervend sein!

Jurieu: Oh, das wird sie mir büßen!*

[*Octave:* Ha! Nichts damit! Ich muß schon sagen, du führst dich ihr gegenüber auf wie ein Idiot.

Jurieu: Ja du, du hast gut reden, du interessierst dich schließlich nur für Dienstmädchen!

Octave: Die Dienstmädchen... die Dienstmädchen... du brauchst ja nicht zu glauben, daß das mit den Dienstmädchen immer von vornherein klar ist! Sicher... der Umgang mit ihnen ist, sagen wir mal, anders als mit deinen Frauen aus der Bourgeoisie, aber man braucht gewiß nicht weniger Zartgefühl...

Jurieu (ironisch): Guter Octave! Du erzählst mir vom Umgang mit Dienstmädchen!

Octave: Jawohl, Monsieur!

Jurieu: Oh, oh, oh! Das ist aber wirklich zuviel. Mein Lieber, Dienstmädchen kannst du verachten, du kannst ihnen ihr Geld abnehmen, du kannst ihnen ab und zu mal ein paar Ohrfeigen verpassen, und sie beten dich an. Läßt du sie aber mal zu deinem Unglück merken, daß du sie liebst... dann ist es aus mit dir!... Na, ich werd mal ein paar Worte mit Jackie reden.

Octave: Tu das, mein Junge, da kommst du auf andere Gedanken!

Jurieu (nach einer Weile, immer noch im Gehen): Sag mal, Octave... ich wollt dich mal was fragen. Mit deinen Dienstmädchen, was ist denn da für dich... was ist da so...?

---

* Die folgende, in eckige Klammern gesetzte Passage fehlt in den vorhandenen Kopien, sie existiert nur auf einem Tonband. Dasselbe gilt für die Passagen auf den Seiten 64 und 67/68.

Octave: Du willst wissen, was mir da dran gefällt?

Jurieu: Nun ja!

Octave: Also, es ist... sie haben immer was zu erzählen.

Jurieu: Aha! Aha!

Beide lachen.]

Die Treiber mit weißem Kittel und Mütze stehen in einer Linie. Schumacher in Samtanzug und Mütze neben ihnen.

Schumacher: Alle da? Da...links? Also Pointard, los geht's...

Er gibt ein Hornsignal für die Jäger, die auf dem Feld verstreut stehen und auf das Signal warten. Bei ihnen Robert, Christine und Jackie. Robert bläst zu den Jägern gewandt ins Horn.

[*Christine:* Wo ist denn dein Berthelin?

Robert: Drüben auf der andern Seite. Eine Jagd ohne Berthelin kann ich mir gar nicht vorstellen, es ist ein wahres Vergnügen.]

Zwei weitere Hornsignale.

Robert: Meine Herren, bitte schön, gute Jagd!

Die Treiber rücken vor und schlagen dabei mit Stöcken an die Bäume.

Schumacher: Vorwärts!... Da links. (Schläge; läuft vor) Noch ein Stück weiter! Aufschließen... aufschließen... schlagen!

Ein Kaninchen, unbeweglich. Ein Fasan. Dann ein verängstigtes Kaninchen, das sich unter einen Baum duckt. Ein weiteres drückt sich ins Laub. Von ferne Hornsignale.

Schumacher (off): Links hinterher... hinterher!

Ein Birkhahn. Ein Kaninchen läuft davon.

Schumacher (off): Da!... Da!... Da!

Stimmen: Brrr! Brrr!

Schumacher: Aufschließen da drüben... aufschließen... Pointard, links noch etwas aufschließen...
vorwärts da drüben...

Robert hinter einer Hecke mit erhobenem Gewehr. Hinter ihm ein Jagdaufseher. La Bruyère lädt sein Gewehr und
hält den Lauf über die Hecke. Der General steht ebenfalls
schußbereit neben einem Jagdaufseher. Rufe in der Ferne.
Geneviève bekommt von einem Jagdaufseher ein Gewehr
gereicht. Saint-Aubin sucht den Himmel ab.

Christine (an der Hecke): Jagst du gern, Jackie?
Jackie: O ja, Tante!... Und du?
Christine (zieht eine Schnute): Mm!

Die Treiber rücken weiter vor, ein Kaninchen flieht.

Schumacher: Da rüber!
Pointard: Nach rechts!
Schumacher: Aufschließen!
Die Treiber: Brrr!... Brrr!...
Pointard: Nach rechts!
Schumacher: Noch ein Stück vor, da rüber!

Fliehende Kaninchen. Die Tiere bewegen sich alle auf die
Jäger zu.
Ein Birkhahn.
Weitere Kaninchen, die fliehen; eines davon wird ge-
troffen.
Robert schießt.
Saint-Aubin dreht sich um, um auf einen Fasan zu
schießen.
Geneviève zielt auf ein Kaninchen.
Der General drückt ab; hinter ihm ein Jagdaufseher.
Geneviève schießt auf einen Vogel.
La Bruyère schießt zweimal in die Luft.
In der Ferne flieht ein Vogel; Gewehrschüsse.

Saint-Aubin schießt auf ein fliehendes Kaninchen.

Robert, von einem Jagdaufseher mit zwei Hunden begleitet, tötet einen Vogel.

Berthelin schießt auf ein Kaninchen.

Geneviève drückt ab.

Ein Kaninchen wird getroffen, ein weiteres; ein Vogel fällt aus der Luft herab.

Ein Kaninchen im Unterholz.

Saint-Aubin schießt.

La Bruyère schießt.

Ein Kaninchen flieht, ein anderes überschlägt sich; Vögel fliehen kreischend, einer wird getroffen.

Die Treiber und Schumacher. Ein Vogel flieht gegen die Jäger hin. Robert schießt.

Ein Kaninchen überschlägt sich und verendet.

Eine Stimme: Dort... dort... dort... dort ist eins!

Hornsignal.

Eine Stimme: Ein Kaninchen, da... sehn Sie!

Die Treiber gehen aufs Feld und sammeln das Wild auf. Ein Hund, der das Kaninchen im Maul trägt.

Eine Stimme: Nun, Herr General ... sind Sie zufrieden?

Robert geht zu Christine und Jackie.

Christine: Ich hab alles verfehlt. Ich schieße heute sehr schlecht!

Robert: Du hast zu viel mit Jackie getratscht.

Christine: Ja. Und dann – ich glaub, die Jagd macht mir keinen Spaß mehr.

Robert: Dann werden wir eben ganz einfach nicht mehr zur Jagd gehen, meine Liebe! Wir werden zum Wintersport fahren.

Schumacher (kommt herbei): Entschuldigung, Monsieur le Marquis, sollen wir das erlegte Wild hier ablegen?

Robert: Nein, nicht, Schumacher. Beim Schloß. Macht das beim Schloß!

Schumacher: In Ordnung, Monsieur le Marquis! (zu den anderen, off) Los, kommt!

Die Jäger kommen nach und nach herbei. Ebenfalls Geneviève, Saint-Aubin und La Bruyère.

Saint-Aubin (zu La Bruyère): Sagen Sie, mein Lieber, der Fasan da, der da links...

La Bruyère: Also hören Sie, Monsieur, diesmal gehört er mir, da gibt's keinen Zweifel!

Saint-Aubin: Ah, nein! Also diesmal ist es meiner. Sie können dieses Spielchen nicht jedesmal spielen. Letztes Mal haben Sie mir vor der Nase einen weggeschossen, und ich hab nichts gesagt.

La Bruyère: Also das ist doch! (wendet sich zu den umstehenden Jägern) Stellen Sie sich das mal vor! Letztes Mal hatt ich nen Fasan vor der Flinte, ich will schießen – peng! Er schießt ihn ab, und der Fasan fällt direkt vor meinen Anstand. Sie müssen doch zugeben, das ist ein starkes Stück!

[*Schumacher:* Zu liebenswürdig, Monsieur... Monsieur Berthelin, Ihr Gewehr muß sicher gereinigt werden.

Berthelin: Ah, mein Guter, tut mir leid, aber diese Dinge erledige ich immer selbst.

Schumacher: Wie Sie wollen!

Der General: He, Schumacher!

Schumacher: Ja!

Der General: Nehmen Sie dafür meine beiden!

Schumacher: Danke, Herr General!

Der General: Sie können sie reinigen, wann immer Sie wollen, wenn Ihnen das Spaß macht.

Schumacher (zu einem seiner Helfer): Da nimm, leg sie in den Wagen.

Saint-Aubin: Es war ein herrlicher Tag. Danke!

Schumacher: Danke, Monsieur de Saint-Aubin.]

Robert (zum General): In der Heimat meiner Frau, in Österreich, ist es sehr schön zu jagen. Auerhähne.

Der General: Nachts?

Robert: Frühmorgens.

Geneviève (hinzukommend): Robert, ich muß dir was sagen.

Robert: Was denn?

Geneviève: Nein, es ist ein Geheimnis! Sie erlauben, daß ich ihn entführe, Herr General!

Der General: Wenn Sie ihn uns wiederbringen ...

Geneviève: Seien Sie unbesorgt!

Der General: Ah! (lacht)

Robert und Geneviève entfernen sich. Saint-Aubin pfeift, als er sie sieht.

Der General: Aber, aber, Saint-Aubin!

Die Jäger laufen umher. Schumacher folgt dem Karren mit dem Wild. Dann Octave, der General, Saint-Aubin, Christine, Berthelin.

Berthelin (im Näherkommen): Wirklich unglaublich, wie leichtsinnig manche Leute mit ihrem Gewehr umgehen. Direkt unverantwortlich!

Der General: Tja! Wissen Sie, was dem armen Georges letztes Jahr bei den Malvoisies passiert ist? Er hat seinem Gehilfen das Gewehr so aus der Hand genommen, daß ihm die ganze Ladung in die Hüfte geflogen ist. (lacht) In zwanzig Minuten war er tot! (allgemeines Gelächter)

Octave: Das ist wirklich gut, Christine, was? (biegt mit ihr in einen kleinen Pfad ein)

Berthelin: Wie Billeux vor hundert Jahren gesagt hat: »Seht zu, daß ihr mit vollen Jagdtaschen und mit leerem Gewehr heimkommt!«

Alle brechen auf.

Jurieu (kommt aus dem Wald, zu Jackie): Jackie, Jackie, da drüben, für dich!

Jackie: Wo? Ich seh nichts!

Jurieu: Dort, dort!

Jackie: Aber wo denn nur?

Jurieu: Dort!

Eine Stimme: He! Nicht auf mich, wenn's geht, auf das Kaninchen!

Gewehrschuß. Ein Kaninchen läuft davon.

Jackie (lachend): Oh!... Na, der ist weit!

Jurieu: Meine liebe Jackie, du bist die entzückendste ungeschickte Frau, die ich kenne. (nimmt ihr das Gewehr ab und küßt sie)

Jackie: Ja, André, glaubst du?

Jurieu (lachend): Da bin ich ganz sicher!

Jackie: Ich möcht noch viel ungeschickter sein.

Jurieu: Und warum, meine kleine Jackie?

Jackie: Oh, damit du mich öfter küßt, mein lieber André!

Jurieu: Hm!... Kein Problem! (küßt sie)... Du weißt, Jackie, ich liebe dich nicht!

Jackie: O ja, das weiß ich, André... Aber eins ist auch sicher: Mit meiner Tante verlierst du deine Zeit.

Jurieu: Hm!... Dir bleibt aber auch nichts verborgen!

Jackie: Du brauchst nicht versuchen zu lachen. Du hast Kummer, und ich auch.

Gewehrschüsse in der Ferne. Die Treiber fahren mit dem Karren zum Schloß zurück.

Ein Treiber: Derjenige, der die Jagd angeführt hat, versteht nicht viel davon.

Ein anderer: Monsieur André hat sehr schlecht geschossen.

Ein weiterer: Meiner Ansicht nach schießt Monsieur le Marquis viel besser als er.

Einige Jungen balgen sich.

Ein Alter: Gebt's auf, ihr Bengel.

Eine Stimme: Nun denn!

Geneviève und Robert kommen über den Weg. Die anderen Jäger folgen in zwei Gruppen.

La Bruyère: Ich hatte kein Glück im dritten Treiben, und dabei hatte ich einen guten Platz.

Ein Jäger: Sowas kommt vor, mein Lieber!

Der General: Ist Ihnen nicht kalt, Madame?

Christine: Nicht, wenn ich laufe.

Der General: Es wird schnell kalt, wenn die Sonne weggeht!

Saint-Aubin: Ah... da oben ist ein Eichhörnchen!

Alle heben den Kopf. Ein Eichhörnchen klettert in den Zweigen.

Saint-Aubin (off): Schade, ich hab mein Gewehr schon abgegeben!

Christine (off): Warum?... Ich mag die Eichhörnchen so gern!

Berthelin (off): Ja, sie sind sehr hübsch, aber sie

richten viel Schaden an. (gibt Christine sein Fernglas) Sehn Sie mal, Madame!

Christine (sieht durch das Fernglas): Das ist ja wunderbar! Ich seh es so nah, als könnt ich danach greifen.

Berthelin: Ja, ja, ein Fernglas ist ein unerläßlicher Begleiter. Das hier ist klein, man kann es überallhin mitnehmen. (off) Seine Optik ist so scharf und so raffiniert, daß Sie es auf geringe Entfernung wie eine Lupe benutzen können. Es ermöglicht Ihnen, dieses kleine Eichhörnchen zu beobachten, ohne es zu erschrecken, Sie können sein ganzes Privatleben studieren!

Geneviève und Robert gehen an einem Moor entlang, Robert hinter Geneviève. Ein Schuß fällt.

Robert: Also, du willst alles Christine erzählen... Und was hast du davon?

Geneviève: Ich kann dir weh tun!

Robert: Zu liebenswürdig!

Geneviève: Ich mag nicht allein leiden... Ich kann mir vorstellen, daß es zu dritt weniger langweilig ist. Außerdem möcht ich dein Gesicht sehn, wenn Christine dich verläßt... und das tut sie ganz bestimmt, wenn ich's ihr erzähle.

Robert (lachend): Oh! Das ändert nicht das geringste.

Geneviève: Du liebst sie also wirklich? Und mich, mich liebst du gar nicht mehr?

Robert: Oh!... Ich möchte das Thema lieber wechseln. In der Rolle als Schäfer Paris ohne Apfel komm ich mir albern vor!

Geneviève: Nein bitte, antworte mir.

Robert: Also nein... ich liebe dich nicht mehr. Du bist mir sehr sympathisch, aber...

Geneviève: Aber ich langweile dich!

Robert (off): Oh, langweilen! Was du für Worte gebrauchst, meine Liebe!...

Geneviève: Es ist genau das richtige Wort!... Ich kämpfe nicht mehr! Gegen Haß kann man kämpfen... gegen Langeweile nicht. (sinkt mit einem Fuß in den Sumpf, Robert hält sie fest)

Robert: Oh, oh, oh!

Geneviève: Danke. Ich find's auch langsam unausstehlich. Wenn ich sehe, wie du bei deiner Wienerin den Galan spielst, krieg ich Lust zu gähnen. Ich reise ab.

Robert: Ja, das wär glaub ich besser, Geneviève.

Geneviève: Gut, ich reise ab. Aber ich möchte, daß du mir Adieu sagst, ganz lieb.

Robert: Aber nein, Geneviève, nicht Adieu... Auf Wiedersehn!

Hornsignal in der Ferne.

Geneviève: Nein, nein, Adieu! Aber ein schönes Adieu. Für ein paar Sekunden möcht ich mich drei Jahre zurückversetzt fühlen. (wendet ihm das Gesicht zu) Ja, in die Zeit, als es noch keine Christine gab. Nimm mich in die Arme, wie du's früher getan hast. Ich werd die Augen schließen und mir einen Augenblick alles vorstellen, was ich möchte.

Robert: Aber Geneviève!

Geneviève: Nein, nein, bitte sag nichts!... Küß mich!

Robert (nimmt sie in die Arme): Mein Liebes!

Auf der anderen Seite des Moors gehen Christine und ihre Freunde.

Eine Stimme: Paßt auf, wo ihr hintretet!...

Der General (durchs Fernglas blickend): Oh! Oh! Oh! Ganz außerordentlich!... Ein Wasserhuhn!... Man kann fast seine Federn zählen.

Octave: Jetzt ist es weg. (zu Saint-Aubin) Sehn Sie's noch?

Saint-Aubin: Nein, und ich habe gute Augen.

Der General (gibt Christine das Fernglas): Sehen Sie, Madame, zwei Finger breit von dem runden Baum – drei Finger von den Ihren, die sind ja viel kleiner!

Christine (begeistert): Oh, oh ja!

Octave: Komm, gib her, ich will auch was sehn!

Christine: Nein, nein, nein!

Octave: Na, hör mal!

Christine: Ach, wie hübsch es ist! (sieht weiter durch das Fernglas)

Octave berührt sie an der Schulter. Christine fixiert einen Punkt.

Octave: Jetzt gib's mir... He, wirklich, jetzt bin ich dran.

Christine: Nein, nein... Ah!... Ah!...

Hornsignal aus der Ferne. Blick auf das, was Christine durchs Fernglas sieht: Robert und Geneviève, die sich küssen.

Octave: Sag mal, das muß ja verdammt interessant sein, was du da drüben siehst...

Christine (nachdenklich): Ja, sehr interessant!

Innen. Schloß. Tag.

Eine Uhr schlägt. Marceau sammelt im Gang im ersten Stock die Schuhe vor den Gästezimmern ein. Christine kommt durch den Gang und klopft an die Tür von Genevièves Zimmer.

Marceau: Guten Tag, Madame la Marquise! Guten Tag, Madame!

Christine (erstaunt): Guten Tag!

Innen. Genevièves Zimmer. Tag.

Geneviève packt ihren Koffer. Christine steht an die Tür gelehnt, die sie eben zugemacht hat. Beide im Negligé.

Christine: Reist du ab, Geneviève?

Geneviève: Ja, ich reise ab.

Christine: Bleibst du nicht zu unserem kleinen Fest?

Geneviève: Nein, ich werde in Paris erwartet. (geht zu einem Stuhl neben Christine, nimmt ein Unterkleid und legt es zusammen)

Christine (hinter ihr hergehend): Kannst du nicht anrufen?

Geneviève (vor ihrem Koffer): Nein, ich muß weg. Es ist besser.

Christine: Besser? Für wen? Für dich?

Geneviève (mit einer ausweichenden Geste): Oh! Nein!

Christine: Dann also für mich?... Liebe Geneviève, wollen wir nicht offen miteinander reden? Bin ich eine... eine lästige Gattin?

Geneviève (geht zur Kommode): Ich seh nicht, weshalb du mir lästig sein solltest!

Christine: Hab ich jemals versucht, etwas gegen dein... dein Verhältnis mit meinem Mann zu unternehmen?

Geneviève (sich umdrehend): Du ... du weißt davon?

Christine (lächelnd): Jeder weiß es! (setzt sich)

Geneviève bleibt an die Kommode gelehnt stehen. Sie sehen sich an.

Christine: Der gute Robert ist so lieb, so sensibel ... aber er ist ein rechtes Kind, er kann nichts verbergen.

Geneviève: O ja, das ist wahr!

Christine: Man sieht's sofort, wenn er lügt. Er wird rot, bevor er noch den Mund aufmacht.

Geneviève: Am liebsten würde man ihm sagen, daß seine Nase zittert.

Christine: Und wie feinfühlig er ist ... Nur eins stört mich an ihm, und zwar seine Angewohnheit, im Bett zu rauchen.

Geneviève: O ja wahrhaftig, gräßlich! ... Überall verstreut er Asche.

Christine (lachend): Die Bettücher ...

Geneviève: ... sind ganz versengt ...

Christine: ... überall Löcher ...

Geneviève: ... als ob das ein Ort wäre, wo man raucht ...

Christine: ... nun, ich frage dich ...

Sie lachen.

Christine: Wie ist es ... bleibst du?

Geneviève: Oh, ich ... jetzt weiß ich wirklich nicht mehr!

Christine: Unter uns gesagt, Frauen können sich ruhig ab und zu mal helfen. Wenn du da bist, kümmert sich mein Mann um dich ... und ein bißchen weniger um mich ... das kommt mir augenblicklich ganz gelegen.

Geneviève: André Jurieu?

Christine (lächelnd): Nein, nein!... André ist ja ganz nett, er ist ein mutiger Junge, aber er ist zu aufrichtig. Aufrichtige Menschen sind gräßlich!

Geneviève (sieht vor sich hin): Nun ja, das hängt davon ab, was man von ihnen will... Wie ziehst du dich heut abend an?

Christine (steht auf): Als Tirolerin. Und du?

Geneviève (geht zu ihr): Ich!... Ich weiß nicht, ich hab nichts vorbereitet.

Christine: Na, dann komm mit mir, wir finden schon irgendwas für dich. Kannst du einen Tiroler tanzen?

Geneviève: Ja, wart mal... (singt und tanzt) Geht es nicht so?

Christine: Nein, so!

Geneviève macht es ihr nach, sie lachen.

Innen. Gang. Tag.

Corneille kommt den Gang entlang. Die Männer kommen im Pyjama aus ihren Zimmern.

Berthelin: Oh! Das ist unerhört! Alle Latschen sind verschwunden!

Geneviève (erscheint mit Christine): Guten Tag, Octave!

Christine: ... Octave!

Octave (in Pyjama und offenem Morgenmantel; küßt Geneviève die Hand und küßt Christine; zu Christine): Man hat meine Stiefel abgeschleppt, jetzt muß ich sie suchen!

Der Südamerikaner: Ich auch!

Monsieur La Bruyère: Die Schuhe von meiner Frau sind weg.
Christine: Corneille bringt das in Ordnung!
Corneille: Selbstverständlich, Madame, ich kümmere mich darum. (verschwindet)
Christine: Octave, wie kommst du zum Fest?
Octave: Tja, ich hab die ganze Nacht nachgedacht ... ich glaub, ich werd mich doch als Bär verkleiden.
Gelächter.

Außen. Fußsteg vor dem Schloß. Tag.

Lisette und Schumacher gehen über den Fußsteg zu den Diensträumen. Kirche im Hintergrund. Glockengeläut. Lisette schaut die Pelerine an, die ihr Mann ihr soeben geschenkt hat.
Schumacher: Entschuldige, ich habe vergessen, die Preisaufschrift wegzunehmen.
Lisette (lachend): Oh! ... Ja.
Schumacher: Eine schöne Pelerine, gell? ... Sie ist warm und garantiert wasserdicht.
Lisette: Ja, ja, ja ... aber grade kleidsam ist sie nicht!
Sie lächelt und geht weiter. Schumacher starrt ihr nach und folgt ihr dann.

Innen. Küche. Tag.

Marceau in Weste und Hemdsärmeln steht allein in der Küche und putzt die Schuhe, die er auf den Tisch neben das Schuhputzzeug gestellt hat.

Marceau (singt):

Mes pareils à deux fois ne se font pas connaître,
Et pour leurs coups d'essai, ils veulent des coups
de maître.

L'œil était dans la tombe et regardait Caïn.

Lisette kommt herein. Er bemerkt sie.

Marceau (einschmeichelnd): Guten Tag, Madame Schumacher!

Lisette: Guten Tag, Monsieur Marceau! Nun, gewöhnen Sie sich an Ihren neuen Beruf?

Marceau: O ja! (hebt nacheinander die Schuhe in die Luft) Sie liebt mich, von Herzen, mit Schmerzen, über alle Maßen, ganz rasend, ein bißchen, ein wenig, gar nicht... Sie liebt mich, von Herzen, mit Schmerzen, über alle Maßen... (wirft den letzten Schuh hin)... ganz rasend!

Marceau schaut lachend Lisette zu, die einen Apfel ißt, geht zu ihr und faßt sie um die Taille. Sie klopft ihm auf die Hand und entwischt ihm. Marceau geht und setzt einen Spielautomaten in Gang, lächelt ihr zu und kratzt sich am Kinn.

Sie beißt in den Apfel und lächelt.

Sie rennen einander nach, lachen und schreien. Lisette gibt ihm einen Stoß und läuft um den Tisch herum. Er ist unter den Tisch geschlüpft. Sie beugt sich zu ihm hinunter.

Marceau (stöhnt absichtlich laut): Oooh! Ooooh!

Lisette: Hab ich Ihnen weh getan, hm?... Oh!

Marceau: Aah! Im Gegenteil, ich bin sehr glücklich.

Lisette: Wieso?

Marceau (schmeichelnd): Weil Sie in meiner Nähe sind.

Lisette: Ah! Sie Dummkopf!

Sie lachen. Er versucht, sie beim Aufstehen abzuküssen, als hinter den Türscheiben Schumachers Kopf erscheint. Er kommt in die Küche und packt Marceau von hinten am Kragen.

Lisette: Oh! Edouard!... Edouard... Wenn du uns nicht in Ruhe läßt, beschwer ich mich bei Madame und laß dich rausschmeißen.

Schumacher: Was machst du hier überhaupt?

Lisette: Nun, ich verrichte meinen Dienst, was denn sonst!

Marceau: Jawohl, wir verrichten unsern Dienst!

Schumacher läßt ihn los, er fällt zu Boden.

Corneille (kommt herein; zu Marceau): Die Schuhe, mein Lieber, die Schuhe! Die Herrschaften warten auf ihre Schuhe! Es ist ein richtiger Aufstand im Schloß.

Marceau: Da kann ich nix dafür. Schuld ist der... Rohling da.

Corneille (zu Schumacher): Was machen Sie hier überhaupt, mein Lieber?

Schumacher: Ich? Ich wollte zu meiner Frau!

Corneille: Aber doch wohl nicht jetzt. Heut abend ist das Fest... Los, los... los, los, los!

Schumacher (Marceau mit dem Zeigefinger drohend): Das nächste Mal, wenn ich dich mit meiner Frau erwische, knall ich dich ab!

Corneille (mit seinem Notizbuch in der Hand): Also bitte, mein Lieber, stören Sie uns hier nicht bei der Arbeit! Es gibt so schon genug zu tun heute! (geht wieder)

Lisette (die Fäuste in die Hüften gestemmt, zu Schumacher): Da hast du's, du störst uns bei der Arbeit!

Innen. Verschiedene Salons und Räume im Schloß. Nacht.

Im großen Salon. Auf dem Klavier eine Partitur mit dem Titel: FEST AUF LA COLINIERE. NACH DER REVUE. Charlotte sitzt davor und spielt. Hinter dem Klavier ein kleines Orchester. Um sie herum die Gäste.

Gegenüber die Schauspieler auf einer Bühne: Jurieu, Saint-Aubin, Christine als Tirolerin, der Südamerikaner, Berthelin, Geneviève, als Bohémienne gekleidet, und Robert. Vor ihnen Octave, als Bär verkleidet. Musik und Applaus. Rufe aus dem Publikum: »Bravo! Nochmal!«, während der Vorhang zugeht. Übrig bleibt Jurieu, der mit der Peitsche knallt, um seinen Bären wegzutreiben; er gibt ihm einen Fußtritt und verbeugt sich, bevor er hinter dem Vorhang verschwindet.

In einer anderen Ecke stehen die Diener im Frack und applaudieren ebenfalls.

Hinter dem Vorhang laufen die Schauspieler auseinander. Robert tritt von einem Fuß auf den anderen. Geneviève fällt ihm um den Hals. Christine nimmt Saint-Aubin an der Hand und zieht ihn mit sich fort.

> *Robert:* Kommt her, eine Zugabe!
>
> *Geneviève:* Eine Zugabe! Kommt, kommt!
>
> *Christine* (erschöpft): Ich will nicht zuschaun, kommen Sie!
>
> *Rufe aus dem Saal:* Auf die Bühne! Auf die Bühne!
>
> *Robert:* Christine!

Jurieu will Christine hinterher.

> *Eine Stimme:* Nein, bleiben Sie!
>
> *Der General* (unter den Zuschauern): Der Autor! Der Autor!

Klatschen und Bravorufe. Charlotte spielt und beobachtet den Aufgang zur Bühne. Christine verläßt mit Saint-Aubin den Salon. Jackie sieht sie. Der Vorhang hebt sich. Auf der Bühne der Homosexuelle, der Südamerikaner, Berthelin und La Bruyère, die paarweise tanzen. Geneviève kommt mit Robert auf die Bühne, dann noch Jurieu mit Octave.

Geneviève: Und jetzt alle zusammen!

Alle singen im Chor. Klatschen, Bravorufe. Der Vorhang schließt und öffnet sich wieder, währenddessen sieht man Robert, wie er Geneviève von sich stößt. Wieder Vorhang. Octave steht allein auf der Bühne, er hat seinen Bärenkopf abgenommen. Gelächter. Er winkt, daß der Vorhang geschlossen werden soll. Dahinter bereiten die Spieler die nächste Szene vor.

Robert (zu Octave): Wo ist sie hin?

Octave: Wer denn?

Geneviève: Komm, Robert, ich muß mit dir sprechen, komm!

Jurieu: Wo ist sie?

Octave: Wer denn?

Jurieu: Christine natürlich!

Octave: Keine Ahnung. Zieh mir mal das Bärenfell aus.

Jurieu: Ich muß sie suchen. (läuft weg)

Octave: Berthelin? Berthelin? (läuft zu Berthelin, der gerade seinen Totenkopf anzieht)

Berthelin: Mein Lieber, ich hab gerade was andres zu tun. Es geht um ernste Dinge.

Octave: La Bruyère?

La Bruyère: Ja!

Blick auf das Piano, das jetzt von allein spielt; Charlotte

betrachtet verblüfft die sich automatisch bewegenden Tasten.

Der schwarze Bühnenvorhang geht wieder auf und drei Gespenster mit Laternen und Regenschirmgerippen erscheinen, gefolgt vom »Tod«: der Spieler trägt ein schwarzes Trikot mit aufgemaltem weißem Skelett. Kleines Ballett. Schreckensrufe. Musik: ›Danse macabre‹ von Saint-Saëns.

Hinter den Zuschauern bei den Dienern Corneille und der Koch im weißen Kittel. Die Gespenster spiegeln sich in einer Scheibe.

Sie steigen in den dunklen Salon hinunter. Schreie.

Ein Gespenst schwingt seine Laterne. Eine Frau schreit laut. Der »Tod« tanzt mit einem Stock.

In einer offenen Flügeltür stehen Marceau und Lisette und küssen sich.

Im Hintergrund, beim Personal, ein Tisch mit Erfrischungen. Eine Portiere wird zur Seite geschoben, dahinter erscheint Schumacher und blickt sich aufmerksam im Salon um. Im Dunkeln Saint-Aubin und Christine auf einem Diwan.

    Christine: Ich hab viel zu viel getrunken, ich weiß gar nicht mehr, was ich tue.

    Saint-Aubin: Oh! Um so besser!

In der Flügeltür Lisette neben Marceau. Schumacher taucht auf. Hinter ihm Jurieu. Marceau verdrückt sich zwischen den Dienern hindurch. Lisette will ihm nachschleichen. Schumacher hält sie fest.

    Schumacher: Lisette!

Christine und Saint-Aubin laufen lachend in einen anderen Salon.

    Octave (folgt ihnen): Christine? He! Christine?

Christine? Was macht ihr denn da? Spielst du nicht mehr?

Christine: Ich hab genug von dem Theater, Octave.

Octave: Na, dann hätt ich mich ja nicht derart verkleiden müssen. Hilf mir wenigstens, meine Bärenhaut wieder auszuziehn.

Saint-Aubin (dreht sich um): Oh, keine Zeit! (geht mit Christine in die Halle hinaus und von dort ins Waffenzimmer)

Octave: Keine Zeit? ...

Octave kehrt um. Er steht zwischen zwei Türflügeln, hinter dem einen verbirgt sich Marceau. Jurieu kommt.

Octave: André, André, hilf mir, das Ding da auszuziehn!

Robert (kommt mit Geneviève vorbei): Meine Frau ... Jurieu, haben Sie meine Frau nicht gesehn?

Jurieu: Ich such sie auch grade.

Geneviève: Komm mit, Robert! (zieht ihn in die Halle hinaus)

Octave: Robert, Robert, so hilf mir doch um Himmels willen!

Jurieu geht durch dieselbe Tür in die Halle hinaus wie vorher Christine. Marceau versteckt sich hinter Octave, als Schumacher mit Lisette an der Hand kommt, um ihn zu suchen. Lisette wendet sich um, und Marceau entkommt, als Schumacher die Küchentür öffnen geht und in die Küche hineinschaut.

Octave: Verdammt nochmal, wer hilft mir jetzt endlich, die verfluchte Bärenhaut auszuziehn!

Charlotte und der Homosexuelle kommen vorbei und gehen ins Spielzimmer.

Charlotte: Ich hab rasend Lust, Belote zu spielen!

Der Homosexuelle: Zu zweit?

Charlotte: Hol den General, der wird entzückt sein!

Schumacher und Lisette laufen wieder vorbei. Jurieu taucht auf.

Jurieu: Schumacher, haben Sie Madame gesehen?

Schumacher (trocken): Nein!

Jurieu dreht sich überrascht um und geht weiter.

Octave (geht in das Waffenzimmer hinein): Mein lieber Saint-Aubin, ich will Ihnen ja nicht auf die Nerven gehn, wirklich nicht, aber ich, ich schaff's nicht allein!

Saint-Aubin: Hören Sie, Octave, Sie sind ja sehr nett, aber . . .

Octave: Aber wenn ich Ihnen doch sage, daß ich sie allein nicht runterkriege!

Saint-Aubin: Nicht jetzt!

Octave: Und Christine? Was haben Sie mit ihr gemacht?

Saint-Aubin: Das wird sich ja herausstellen!

Christine versteckt sich in einer Ecke hinter ihm.

Octave: Ah! Wenn ich nur die Bärenhaut runterbrächte! Die würden schon sehn. (geht zu einer Tür und öffnet sie)

Octave tritt ins Eßzimmer. Im Waffenzimmer hinter ihm Saint-Aubin; er steht vor Christine, die sich nicht wohl zu fühlen scheint. Robert steht mit Geneviève am Tisch im Eßzimmer.

Geneviève: Oh, komm her, Octave . . . komm, ich zieh dir die Bärenhaut aus.

Octave: Wird aber auch Zeit!

Geneviève (zu Robert): Aber sie liebt dich doch gar nicht mehr. Sonst würde sie sich doch nicht mit dem albernen Saint-Aubin abgeben. Laß uns gehn, Robert!

Robert: Und wohin? Ich bin hier zu Hause. Ich kann doch nicht einfach alles im Stich lassen.

Geneviève: Ach, was bist du penetrant mit deinem Besitzdenken. Als ob das wichtig wäre – ein Haus!

Robert: Erst muß ich mit Christine sprechen! (geht weg)

Octave (bestürzt): Zieh doch, zieh!

Sie zieht am Bärenfell. Er fällt um.

Robert schließt die Eßzimmertür hinter sich und will gehen. Marceau taucht auf und hält ihn zurück. Sie stehen vor einer Zimmerpalme.

Marceau: Sagen Sie niemand, daß Sie mich gesehn haben. Schumacher ist hinter mir her.

Robert: Was hast du ihm denn getan?

Marceau: Ihm, nichts. Es geht eher um seine Frau!

Robert: Wer? Lisette?

Marceau: Ja. Wir haben uns ein bißchen unterhalten. (rückt Robert im Sprechen die Fliege zurecht) Er hat uns gesehn... und jetzt ist er nicht gerade zufrieden... Oh, Monsieur le Marquis, Frauen sind wirklich bezaubernd, ich mag sie sehr, ich mag sie sogar viel zu sehr... aber 's gibt immer Ärger.

Robert: Wem sagst du das!

Marceau: Läuft's bei Ihnen auch nicht richtig?

Robert: Nicht grad prächtig. Sag mal, Marceau, möchtest du nicht auch manchmal Araber sein?

Marceau (erstaunt): Oh, nein, Monsieur le Marquis, wieso denn?

Robert: Wegen des Harems.

Marceau: Ach so, ja!

Sie lachen.

Robert: Die Muselmanen haben als einzige in der berühmten Frage der Beziehung zwischen den Geschlechtern einige Logik bewiesen.

Marceau: Tja!

Robert: Bah, im Grunde sind die genauso wie wir!

Marceau: Na ja!

Robert: Es gibt immer eine, die sie vorziehen.

Marceau: Ja...

Robert: Aber deswegen fühlen sie sich nicht verpflichtet, alle andern vor die Tür zu setzen... und ihnen Kummer zu machen.

Marceau: Na ja!

Robert: Ich möchte niemandem Kummer bereiten. Schon gar nicht den Frauen... Danke! Das ist die Tragik meines Lebens. (macht eine resignierte Geste)

Marceau: Ja, aber dazu braucht man auch die Mittel.

Robert: Wieso? Ich hab die Mittel und mach doch alle unglücklich: meine Frau, meine Geliebte und obendrein mich selbst!

Marceau: Mit den Frauen, Monsieur Marquis... also ich, ob ich sie nun haben oder verlassen oder behalten will, ich schau immer erst, daß ich sie zum Lachen bringe. Wenn eine Frau lacht, ist sie entwaffnet, da kann man anstellen, was man will! Und Sie, Monsieur le Marquis, warum versuchen Sie nicht, es genauso zu machen?

Robert: Mein guter Marceau, dazu muß man begabt sein! (gibt ihm einen freundschaftlichen Klaps)

Marceau: Sicher, das stimmt!.... Monsieur le Marquis, würden Sie mir einen Gefallen tun?

Robert: Aber gern. Welchen denn?

Marceau: Könnten Sie mal den Gang runterschaun, ob Schumacher nicht dort ist, dann könnt ich nämlich durch die Küche abhaun.

Robert (lachend): Geh doch über die Terrasse!

Marceau: Nein, da ist es zu hell!

Robert: Na gut, bleib hier, ich seh mal nach.

Marceau: Danke, Monsieur le Marquis.

Robert, eine Zigarette in der Hand, kommt zurück und macht Marceau ein Zeichen, daß die Halle leer ist. Dann entdeckt er aber Schumacher, schubst Marceau hinter eine Säule und schreitet mit betont unbeschwerter Miene in die Halle. Klavierspiel. Schritte sind zu hören.

Robert (zu Schumacher, der ihm mit Lisette entgegenkommt): Schumacher?

Schumacher: Monsieur l' Marquis?

Schumacher zieht Lisette hinter sich her und geht forsch auf Robert zu. Marceau verschwindet in die Küche.

Robert: Was machen Sie hier, Schumacher?

Schumacher (nimmt seine Mütze ab): Nichts, Monsieur l'Marquis!

Robert: Also, gehen Sie zurück in die Gänge! Ich hab Ihnen nur erlaubt, sich heut abend in den Gängen aufzuhalten, mehr nicht! (spielt den Zornigen) Gehn Sie lieber in mein Badezimmer! (dreht sich um und geht)

Schumacher: Aber, M'sieur l'Marquis...

Lisette geht in die Küche. Berthelin taucht auf und faßt Robert an den Schultern.

Berthelin: Wir warten auf Sie...

Robert (verzückt): Ist der große Augenblick gekommen?

Berthelin: Er bereitet sich eben vor!

Sie gehen zusammen weg. Jurieu erscheint aus der anderen Richtung und geht auf Schumacher zu, den man stehenlassen hat und der, die Mütze in der Hand, mißtrauisch um sich blickt.

Jurieu: Schumacher, endlich. Wo ist Monsieur d'Saint-Aubin hingegangen?

Schumacher: Weiß ich nicht, Monsieur Jurieu, ich versichere Ihnen, daß ich...

Die Küchentür schlägt zu. Schumacher dreht sich um und bemerkt, daß Lisette verschwunden ist; er setzt seine Mütze wieder auf und geht auf die Tür des Waffenzimmers zu. Jurieu folgt ihm mit den Augen. Schumacher öffnet die Tür. Im Waffenzimmer steht Saint-Aubin und hält Christine in seinen Armen. Jurieu stürzt hin und stößt in der Tür mit Schumacher zusammen, der wegläuft und am Fuß der Treppe mit Jackie zusammenprallt.

Jackie: Wo ist André?

Schumacher: Äh, äh... dort!

Jurieu (in der Tür, zu Saint-Aubin): Wissen Sie, Monsieur de Saint-Aubin, daß ich Sie schon seit einer halben Stunde suche?

Jackie folgt ihm durch die Tür und schließt sie.

Saint-Aubin: Und mit welcher Berechtigung, Monsieur?

Christine: In der Tat... mit welcher Berechtigung! André, Sie sind taktlos!

Jurieu: Meine liebe Christine, ich bin vielleicht taktlos, aber diesmal verlang ich von Ihnen eine Erklärung.

Christine: Sie bekommen keine Erklärung von mir!

Saint-Aubin: Sie haben Christine keine Vorschriften zu machen...

Jurieu: Gut, dann verlange ich eben von Ihnen eine Erklärung. Ich werd Ihnen die Ohren schon langziehn, Monsieur!

Saint-Aubin: Versuchen Sie das mal, Monsieur!

Jurieu versetzt ihm eine Ohrfeige. Jackie, die ganz erstarrt neben der Tür stehengeblieben ist, schreit und stürzt herbei. Verwirrung.

Christine (zu Jurieu): Aber ich bitte Sie!

Saint-Aubin: Meine liebe Christine, Sie werden mich entschuldigen, aber ich bin leider gezwungen, diesem Herrn hier nahezulegen, morgen früh meine Sekundanten zu empfangen.

Jurieu: Oho! Morgens pflege ich zu schlafen. Sollten Ihre Sekundanten erscheinen, werde ich sie zu meinem größten Bedauern hinausschmeißen müssen!

Saint-Aubin: Sie weigern sich also, sich zu schlagen?

Jurieu: Mit Ihnen, Monsieur: Ja!

Saint-Aubin: Ich werde Sie verklagen, Monsieur!

Jurieu: Ha, ha, daß ich nicht lache!

Saint-Aubin: Und wenn Sie's wissen wollen, Sie, Sie... (stotternd) Sie scheinen mir der allerletzte Feigling zu sein!

Jurieu gibt ihm einen Tritt in den Hintern und wirft ihn gegen Jackie, die versucht, Saint-Aubin zurückzuhalten, während Christine Jurieu festhält.

Saint-Aubin (versucht sich loszumachen): Mademoiselle, Mademoiselle... Mademoiselle, bitte. Lassen Sie mich los. Sie versetzen mich in einen Zustand der Unterlegenheit!

Christine: Ich verbiete Ihnen, sich zu schlagen!

Jurieu: Oh!... Tut mir schrecklich leid, Christine, aber ich muß diesem Kasperle die Zähne einschlagen.

Saint-Aubin stürzt sich auf Jurieu und versetzt ihm einen Faustschlag, der ihn gegen einen Tisch fliegen läßt. Jurieu springt auf und schickt den anderen zu Boden. Die Frauen versuchen Jurieu zurückzuhalten. Die beiden Männer bewegen sich im Kampf auf die von Jurieu geöffnete Tür zu. Saint-Aubin boxt Jurieu zur Tür hinaus. Die beiden Frauen hinterher.

> *Saint-Aubin:* Kasperle?
> *Jackie:* André! André!
> *Jurieu:* Nein... bleib dort... bleib dort... bitte bleib dort!
> *Christine* (als Jurieu fällt): Nein!... Nein, nein!

Jurieu steht wieder auf und stürzt sich auf Saint-Aubin, der die Treppe hinaufflieht.

> *Jurieu:* Feigling? Aha, ich bin ein Feigling! Ah... ah!

Er schlägt Saint-Aubin auf dem ersten Treppenabsatz nieder und kommt wieder herunter. Corneille erscheint am Fuß der Treppe. Jurieu sieht Jackie an, nimmt Christine am Arm und geht mit ihr in das Waffenzimmer zurück. Jackie fällt in Ohnmacht, Saint-Aubin versucht aufzustehen.

> *Corneille* (schreit): Emile? Paul? Monsieur de Saint-Aubin, da oben!

Die herbeigerufenen Diener kümmern sich um die beiden Gäste.

Im Waffenzimmer. Die Tür ist wieder geschlossen.

> *Jurieu:* Christine... warum sind Sie nicht nach Le Bourget gekommen?
> *Christine* (steht in der Mitte des Zimmers): Weil ich Sie liebe, André! Ich hab's mir nie eingestehen wollen, nie... Aber jetzt hab ich das Recht, es Ihnen zu sagen: Ich liebe Sie, André!

Jurieu (auf sie zugehend): Oh!... Das ist wundervoll! Christine, ich hab nicht mehr dran zu glauben gewagt! Aber was machen wir jetzt?

Christine: Nun, wir gehen fort, André!

Jurieu: Aber wohin?

Christine: Egal! Irgendwohin!

Jurieu: Und wann?

Christine: Jetzt gleich!

Jurieu: Oh, ich liebe dich, Christine! Ich glaube, ich werde dich glücklich machen. Seit Monaten denk ich nur noch daran, was ich tun würde, wenn ich das Glück hätte, mit dir zusammen zu sein. Jetzt weiß ich es! Damit will ich sagen, das Glück trifft mich nicht unvorbereitet... Hast du keine Angst, Christine?

Sie schüttelt den Kopf.

Jurieu: Ich muß es La Chesnaye sagen.

Christine (erregt): Aber wozu denn?

Jurieu: Aber Christine, es gehört sich so.

Sie geht zu einem Diwan, er folgt ihr.

Jurieu: Christine, Christine, hör doch! (sieht ihr ins Gesicht, sie wendet sich ab) Christine, ich kann doch trotz allem nicht einem Mann die Frau wegnehmen, der mich in sein Haus eingeladen hat... der mich seinen Freund nennt, dem ich die Hand drücke. Ich muß ihm eine Erklärung abgeben.

Christine: Aber wir lieben uns doch, André! Was bedeutet das denn schon!

Jurieu: Christine, trotzdem... es gibt gewisse Anstandsregeln!

Im großen Salon geht das Fest weiter: Vier Männer – der Homosexuelle, Berthelin, La Bruyère und der Südamerikaner – stehen mit angeklebten Bärten auf der Bühne

und singen und spielen. Als Hintergrund der Triumph-
bogen.

Die vier verbeugen sich; der Vorhang schließt sich und
öffnet sich wieder, die vier Männer ziehen Robert auf die
Bühne und lassen ihn vor dem wieder geschlossenen
Vorhang allein. Er lächelt bewegt; er hat Lampenfieber,
aber er ist sehr stolz.

> *Robert:* Meine lieben Freunde, ich habe das Vergnü-
> gen, Ihnen meine letzte Neuerwerbung vorzustellen.
> Sie ist der Höhepunkt meiner Karriere als Musikin-
> strumenten- und Automatensammler. Ich glaube, das
> Stück wird Ihnen gefallen... ich überlasse es Ihrem
> Urteil! (Lachen) Eins!

Der Vorhang geht auf. Auf der Bühne steht ein Orchestrion. Bewunderungsrufe.

> *Robert:* Zwei!

Die mechanische Orgel beginnt zu spielen, die Glühlam-
pen an dem Instrument leuchten auf. Robert schlägt den
Takt und lehnt sich an das Orchestrion. Auf dem oberen
Teil des Instruments, unter der Girlande von Glühbir-
nen, eine ungeschickt gemalte nackte Frau. In der Mitte
vor den Orgelpfeifen stehen drei Figuren: eine schlägt
auf eine Glocke, die zweite schlägt den Takt, die dritte
schwingt eine kleine Glocke. Robert wischt sich mit
dem Taschentuch übers Gesicht. Er ist stolz über den
Erfolg.

In der Küche hält inzwischen Marceau Lisette in den
Armen. Sie ißt einen Apfel.

> *Marceau:* Wenn er dir lästig fällt, brauchst du mich
> nur zu holen, ich bin schnell... (hört Schumacher
> kommen) mit ihm fertig!

Er verschwindet gebückt im Nebenraum und verbirgt sich

hinter einem Büfett, Lisette folgt ihm, kommt dann zurück und lehnt sich mit gespielter Natürlichkeit an das Treppengeländer. Schumacher kommt die Treppe herunter und bleibt auf einer Stufe stehen.

Schumacher: Was machst du da?

Lisette: Ich hatte Hunger, ich hab mirn Apfel geholt.

Schumacher: Und Marceau, wo ist der hin?

Lisette: Oh, Marceau!... Ich bin doch wohl nicht dazu da, ihn zu überwachen!

Sie will die Treppe hinaufgehen. Er versperrt ihr den Weg.

Schumacher: Wo gehst du hin?

Lisette: Na, nach oben, zu den andern.

Schumacher: Ich hab Durst, gib mir was zu trinken.

Lisette: Schön.

Sie stehen vor dem großen leeren Küchentisch. Schumacher späht umher. Er setzt sich hin und trinkt ein Glas Wein.

Schumacher: Morgen geh ich weg von hier ... und du kommst mit.

Lisette: Aber natürlich, wenn du willst, Edouard!

Sie geht um ihn herum und macht Marceau ein Zeichen, er solle verschwinden, was er vorsichtig tut.

Schumacher: Ich nehm dich mit ins Elsaß. Da weiß man, wie man mit Wilddieben, mit Kanaillen, mit Marceaus umzugehen hat. Ein ordentlicher Schuß (schlägt mit der Faust auf den Tisch), nachts im Wald, und keiner fragt mehr nach ihm.

Lisette: Ja, ja, gewiß!

Schumacher: Und dann pfeif ich auch auf ihr Geld!... Schön blöd, wenn einer was hat und für andre arbeitet, wenn er bei sich daheim der Herr sein kann.

Lisette: O ja!... Und dann ist es sicher ganz wunder-
schön... das Elsaß, die großen Tannen, und der
Schnee, und die Störche...

Marceau ist beim Hinausschleichen an ein Tablett gesto-
ßen; es fällt krachend auf den Boden.

Schumacher (dreht sich verblüfft um und stürzt zum
Büfett): Aha! Marceau!

Lisette (schreiend hinter ihm her): O nein! Nein!

Schumacher: Ah! Marceau!... Dich krieg ich!

Lisette: Edouard! Edouard! Edouard!

Schumacher (stößt sich am Tisch): Kanaille!

Lisette: Edouard! Edouard!

Marceau klettert die Treppe hinauf. Die beiden andern
hinterher.

Schumacher: Dich krieg ich!

Sie laufen schreiend aus der Küche.

Robert geht durch den großen Salon in Richtung Halle.
Applaus im Hintergrund. Marceau kommt aus der Küche
gelaufen, hinter ihm Schumacher und Lisette. Sie stoßen
mit einem Zimmermädchen zusammen.

Robert: Schumacher! Schumacher! Ich befehle Ihnen,
bleiben Sie stehen! Schumacher! Ich befehle Ihnen
stehenzubleiben! Hören Sie, Schumacher!

Lisette (hält Schumacher an seiner Jacke fest):
Edouard! Edouard!

Schumacher: Laß mich los, Lisette!

Lisette: Edouard! Edouard!

Robert: Schumacher, zum letzten Mal, ich befehle
Ihnen... Schumacher, hören Sie?

Lisette: Edouard!

Robert: Ich sag's nicht nochmal!

Robert ist am Rande der Hysterie. Corneille taucht auf.

In dem an die Halle anschließenden Waffenzimmer Christine und Jurieu.

Christine: Nein, André, ich geh sofort mit dir weg oder nie!

Schreie von draußen.

Jurieu: Christine, wir müssen dieses Haus erhobenen Hauptes verlassen! Später wirst du mir dankbar sein!

Marceau (taucht plötzlich auf): Pardon, Madame... oh... oh... oh!

Er zeigt auf seine Verfolger, Schumacher und Lisette, die ihm dicht auf den Fersen sind, und verschwindet.

Schumacher: Ich bring dich um, du Mistvieh!

Lisette: O Madame, Madame!

Robert kommt herein und überrascht Christine in Jurieus Armen. Corneille, der ihm gefolgt ist, schließt die Tür und verschwindet. Robert geht auf Jurieu zu.

Robert: Sieh mal an, Sie, Monsieur Jurieu?

Jurieu: La Chesnaye?

Robert: Mir scheint... Sie haben Ihr Ziel erreicht. Sie sind gerade dabei, mir meine Frau wegzunehmen!

Jurieu: La Chesnaye... nein... La Chesnaye, geben Sie mir fünf Minuten, um mit Ihnen zu sprechen.

Robert: Hier, das kriegen Sie!

Er versetzt ihm einen Faustschlag. Jurieu fällt zu Boden.

Jurieu: Kanaille!

Er steht wieder auf und geht auf Robert los, der seinerseits stürzt. Als er sich aufrichtet, packt ihn Jurieu an der Kehle.

Jurieu (außer sich): Machst du das nochmal?... Nein?... Sag, he!

Octave kommt herein, hinter ihm Geneviève, immer noch in ihrem Kostüm. Jurieu und Robert schlagen sich weiter.

Christine (hat Octave nicht gesehen): Octave? ... Wo ist Octave?

Octave: Was ist denn!

Christine stürzt auf ihn zu. Octave nimmt die beiden Frauen an der Hand, geht zum Diwan und setzt Geneviève hin. Jurieu fällt neben ihr hin.

Jurieu (richtet sich wieder auf; zu Robert): Jetzt verlieren Sie wohl den Kopf, was?

Octave: Na, na!

Geneviève: Oh! Oh!

Einer der Streitenden: Warte, warte, warte!

Octave geht zu Christine. Jurieu kommt hinter dem Sofa hervor und wird mit Büchern bombardiert. Octave geht mit Christine hinaus.

Robert: Dieb! Dieb!

Jurieu: Sie sind wohl völlig verrückt geworden, La Chesnaye!

Außen. Schloßterrasse. Nacht.

Christine: Octave ... ich kann nicht mehr!

Octave (wendet sich ihr zu): Was ist denn?

Christine: Grad hab ich deinem Freund André gesagt, daß ich ihn liebe!

Octave: Na also! Ist ja nicht schlecht! Liebst du ihn wirklich?

Christine: Ich weiß nicht, ich weiß es nicht mehr!

Octave: Schon? Was hat er dir getan?

Christine: Er hat ... er hat ... von Anstandsregeln gesprochen! Er hat vorgeschlagen, ich soll einen Monat bei seiner Mutter auf dem Land verbringen, bis er die Sache mit La Chesnaye geregelt hat ...

Octave: Na, und was hast du erwartet?

Christine: Daß er mich in die Arme nimmt. Daß er mich küßt. Daß er mich entführt!

Octave: Meine arme kleine Christine!

Sie gehen zum Fenster des Waffenzimmers, in dem sich die beiden Männer immer noch prügeln.

Octave (hält Christine am Arm): Da ist was, was du völlig vergißt ... du mußt verstehen: Er ist ein Held!

Innen. Schloß. Nacht.

Marceau stürzt aus dem Eßzimmer in das Waffenzimmer, gefolgt von Schumacher, den Lisette festhält. Marceau läuft wieder hinaus. Schumacher zieht eine Pistole. Lisette versucht ihn zurückzuhalten.

Lisette: Edouard, Edouard, laß das!

Schumacher (versucht sich loszumachen): Laß mich!

Lisette: Hör auf! Hör doch auf! Du bist ja verrückt, du bist verrückt!

Schumacher: Den kauf ich mir!

Langsamer Walzer von draußen. Geneviève sitzt immer noch auf dem Diwan, ein Glas in der Hand, und betrachtet interessiert die Szene zwischen Jurieu und Robert. Jurieu stößt Robert gegen die Wand.

Jurieu: Jetzt reicht's mir aber! Mir reicht's! Ich zerschlag dir den ... (packt Robert an der Kehle und holt zum Schlag aus)

Ein Pistolenschuß. Sie erstarren.

Geneviève: Oh!

Die anderen laufen hinaus. Wieder Musik.

Jurieu: Ein Schuß?

Robert (sarkastisch): Schuß, es ist ein Schuß!

Jurieu: Ein Revolverschuß?

Robert: Ein Revolverschuß!... Es ist ein Revolver-schuß... Erstaunt Sie das?

Jurieu (läßt ihn los, unruhig): Ja, aber... Christine ist verschwunden.

Robert (erschöpft): Christine ist verschwunden... Christine ist heute nacht verschwunden... So ist das eben! Pffft! Pffft! (gestikuliert)

Geneviève (steht auf, betrunken): Ach, seid ihr blöd!... Habt ihr nicht gesehn, daß sie mit Octave weg ist?... Und überhaupt, ich kann sie gut verstehn.

Wenn ihr glaubt, ihr seid lustig, ihr beiden! Ah!... Macht euch nichts draus, kommt, irgendwann findet ihr sie schon wieder!

Jurieu: Geneviève, ich bitte dich!

Geneviève: Oh! Oh! (lacht schallend und wendet sich zu Robert) Und jetzt, Liebling, zu uns. (schreit, immer noch das Glas in der Hand) Wann fahren wir? Wann fahren wir los?

Robert (schreit ebenfalls): Doch nicht jetzt! Ich hab andre Sorgen im Kopf!

Geneviève schluchzt.

Octave steht mit Christine vor einer Terrassentür.

Octave: ... und dein Vater ist an uns vorbeigegangen, ohne uns auch nur anzusehn. (Christine lacht) Und wir, wir haben uns hinter der Tür versteckt. Natürlich standen die Musiker schon alle... nicht wahr?

Octave wendet sich zu Christine, dann zum Türvorhang, den er zurückzieht. Er schaut hinaus.

Octave: Und drinnen im Saal war ein Applaus! Die haben vielleicht getobt, was?

Christine: Ach, das waren glanzvolle Tage!

Octave: O ja! ja!... Und eine komische Ausstattung war das. Ein Salon... ein Salon in Grün und Gold. Du weißt schon, mit so einem grellen Hellgrün... so ein Grün haben nur die Engländer. (Christine lacht) Und dann dein Vater, was für eine Haltung! (öffnet die Terrassentür und geht hinaus) Er ist... über die Bühne gegangen (gedämpfte Musik), ohne etwas um sich herum wahrzunehmen, und der Saal hat getobt, ja. Nichts weniger als ein König... durch und durch!

Außen. Freitreppe vor dem Schloß. Nacht.

Octave (oben an der Treppe): ... Er hat den Takt-stock wie immer vom ersten Geiger entgegengenommen, und wie im Traum...

Octave verbeugt sich würdevoll, dreht sich um und dirigiert ein unsichtbares Orchester. Die Walzermusik von drinnen wird lauter. Dann setzt sich Octave resigniert auf eine Stufe. Christine kommt zu ihm und beugt sich tröstend zu ihm hinunter.

Christine: Octave!...

Octave (mißgestimmt und traurig): Ach... laß mich!

Innen. Schloß. Nacht.

Im großen Salon. Die Gäste tanzen, sehen zu oder spielen. Marceau kommt hereingelaufen, nimmt einem vorbeigehenden Diener das Tablett aus der Hand und versucht, sich hinter den Tanzenden zu verstecken, aber Schumacher entdeckt ihn und verfolgt ihn durch die Menge und die Tische hindurch mit der Waffe in der Hand. Gelächter. Lisette folgt ihm ganz aufgelöst und packt ihn am Arm. Schumacher schießt über die Köpfe von Charlotte und dem General hinweg auf Marceau, der sich hinter einem Sessel versteckt hat. Charlotte stößt einen Schrei aus. Das Orchestrion spielt.

Schumacher: Lisette, laß mich los!

Der General: Schon wieder eine Attraktion!... Jetzt übertreiben sie's aber!

Charlotte (die mit ihm Karten spielt): Langsam reicht's!

Schumacher strebt der Tür zur Halle zu und verteidigt sich gegen Lisette. In der Halle taucht Corneille auf.

Corneille: Schumacher, hören Sie, jetzt reicht's aber!

Schumacher: Ach Sie, Sie gehn mir auf die Nerven!

Corneille: Wie?

Die beiden laufen durch das Waffenzimmer hindurch, in dem sich Jurieu, Robert und Geneviève befinden. Erneut Pistolenschüsse, Geneviève wird völlig hysterisch.

Robert: Oh, ich bitte Sie, helfen Sie mir, sie zu beruhigen!

Sie heben sie hoch und tragen sie zur Tür.

Robert: Corneille, Corneille, Corneille! Machen Sie dieser Komödie ein Ende!

Corneille: Welcher, Monsieur le Marquis?

Robert: Wie... welcher? Der von Schumacher und Kompanie!

Corneille: Ah! Gut, Monsieur le Marquis.

Er macht zwei Dienern ein Zeichen, ihm zu folgen.

Marceau rennt durch die Halle. Schumacher rennt hinter ihm her und schießt auf ihn. Lisette hinter ihnen drein.

Im Festsaal laufen die Gäste durcheinander, gestikulierend, dem Eingang zugewandt. Marceau gleitet hinter die dicke Charlotte.

Monsieur La Bruyère, die Hände in den Taschen, und Madame La Bruyère glauben, es sei ein Spiel, und lachen. Berthelin hinter ihnen versucht, das Orchestrion abzustellen, was ihm nicht gelingt. Die Gäste drehen sich auf den Lärm des Orchestrions hin um. Schumacher zielt auf Marceau.

Lisette: Oh!

Die Diener laufen herbei und packen Schumacher, den Corneille zum Fallen gebracht hat.

Eine Stimme: Nehmt ihn fest!

Der Koch geht auf Corneille zu und beglückwünscht ihn. Charlotte bemerkt Marceau und schaut ihn überrascht an.

Charlotte: Was, Sie waren hier?

Marceau: Oh, Madame, ja... jedenfalls danke ich Ihnen sehr... Oh! Ja, ich danke Ihnen! (umarmt sie dreimal)

Charlotte: Nichts zu danken!... (kann sich seiner kaum erwehren) Nichts zu danken!... Nichts zu danken!

Marceau: Doch, doch!

Jurieu steht mit Robert im ersten Stock vor Genevièves Tür.

Robert: Schön. Was ist die richtige Dosis? Geben Sie mir vier davon!

Geneviève (kommt aus ihrem Zimmer): Ein Schlafmittel? Ich ein Schlafmittel? Ich verabscheue Schlafmittel... ich verabscheue Schlafmittel... ich verabscheue Schlafmittel! (läuft hektisch den Gang entlang)

Robert (gequält): Geneviève, sei doch vernünftig!... Geneviève, wo gehst du hin?

Geneviève: Oh! Oh! Ich geh tanzen!

Robert nimmt sie in die Arme und trägt sie zurück. Unterdessen kümmert sich Jurieu um Jackie, die sich in seine Arme stürzt.

Jackie: André!

Robert (zu Geneviève): Du gehst in deinem Bett tanzen!

Geneviève (zu Robert): Ja, mein Liebster... ich geh schlafen... ja, mein Liebster... mein Allerliebster... ich geh schlafen. Ja, mein Allerliebster, ich geh... schlafen... ja, ich geh schlafen!

Robert (macht die Tür zu): Das brauchst du jetzt auch, glaub mir!

Kaum hat Robert die Tür geschlossen, kommt Geneviève wieder in den Gang hinaus.

Robert: Geneviève, willst du nun zurückgehn! Geneviève, ich flehe dich an, komm zurück!

Geneviève nimmt ein Glas von einer Kommode auf dem Gang und geht zurück.

Geneviève: Oh, beruhige dich, Liebster, wir sehn uns ja morgen wieder. (küßt ihn) Gute Nacht! (geht ins Zimmer)

Während Robert die Tür abschließt, bemerkt Jurieu, der auf ihn wartet, den General und Berthelin, die durch den Gang zu ihren Zimmern gehen.

Jurieu: Ah, der General!

Robert (einen gleichgültigen Gesichtsausdruck annehmend, zu Jurieu): Zigarette?

Jurieu: Ja, danke!

Sie gehen auf die anderen zu.

Robert (zum General): Wie, Sie gehen schon schlafen, Herr General?

Der General: Oh ja, mein Freund, ich geh schlafen!

Berthelin: Gute Nacht, Jurieu!

Der General (drückt Jurieu die Hand): Tja, wo ist Christine denn hin? Ich wollte mich noch empfehlen.

Jurieu: Eine leichte Migräne!

Robert: Es liegt doch nicht an dem, was vorhin geschehen ist, daß es Sie ins Bett zieht?

Der General: Aber nein, keineswegs!

Robert: Nur ein kleiner Zwischenfall! (zu Berthelin) Gute Nacht, mein Guter...

Berthelin: Gute Nacht, La Chesnaye!

Während sie sich gute Nacht wünschen und dann auseinandergehen, kommt Charlotte die Treppe herauf.

Charlotte (off): Irgendwas ist da los!...

Jurieu (geht schnell auf sie zu): Christine ist schlafen gegangen. Sie war sehr müde.

Charlotte: Ach wirklich?... Und Geneviève, wo haben Sie sie gelassen?

Robert (ist dazugekommen): Meine liebe Charlotte, sie ist ein bißchen müde, das ist alles! (küßt ihr die Hand)

Charlotte (überzeugt): Sie ist eine so zarte Natur!

Robert (geht die Treppe hinunter und dreht sich noch einmal um): Mein Personal war etwas durcheinander heut abend. Nehmen Sie's bitte nicht übel.

Charlotte (im Hinaufsteigen): Aber im Gegenteil! Die Leute müssen sich ja auch mal amüsieren, wie jedermann.

Der Homosexuelle (steigt hinter ihr hinauf): Stellen Sie sich vor, die Leute dachten, es war eine Attraktion! Die Gäste kommen die Treppe herauf, Robert und Jurieu steigen hinunter.

Der Südamerikaner (im Vorbeigehen): Wenn ich gewußt hätte, daß es gar nicht zum Programm gehört... mit dem wär ich schon fertig geworden!

Robert: Regen Sie sich nicht auf, mein Lieber, und schlafen Sie gut!

Die Gäste (aus der Halle): Gute Nacht!

Ein Mann: La Chesnaye! Meine Empfehlungen an Ihre Frau Gemahlin!

Seine Frau: Ich laß Christine eine gute Nacht wünschen!

Robert: Wie, Sie gehen schon?... Aber es ist doch noch gar nicht spät!

Die Gäste: Gute Nacht!

Eine Frau: Gute Nacht, André!

Madame La Bruyère: Wenn Christine die Grippe hat, soll sie ein Senf-Fußbad nehmen... (steigt die Treppe hinauf) Soll ich ihr eins machen?

Robert: Nein! (verbeugt sich im Vorbeigehen)

Monsieur La Bruyère: Ach, kann man Christine nicht gute Nacht sagen?

Jurieu: Nein, sie ruht sich aus!

Madame La Bruyère (wendet sich zu ihnen um): Bravo für den Abend!... In Tourcoing wären wir nie auf eine solche Attraktion gekommen!

Monsieur La Bruyère (die Hand auf dem Treppengeländer): Am Geburtstag meiner Frau haben wir eine Farandole getanzt, das war sehr hübsch... aber ein wenig altmodisch!

Robert: Gewiß! Gute Nacht, La Bruyère!

Monsieur La Bruyère: Gute Nacht!

Robert (zu Jurieu, der ihn aufhalten will): Sekunde, mein Lieber!

Robert geht durch die Halle auf Corneille zu, der dort mit den Dienern steht. Schumacher mit gesenktem Kopf, die Mütze in der Hand. Marceau daneben. Die anderen hinter ihnen.

Robert: Nun, Corneille, ist auch nicht allzuviel kaputtgegangen? Gab's Verwundete?

Corneille: Nein, Monsieur le Marquis, ich habe soeben alles überprüft, die Gäste sind heil. Die Vögel im Waffenzimmer haben etwas gelitten... und in einer Tür hab ich eine Kugel gefunden. Abgesehen natürlich von dem Glasgeschirr.

Robert (zu Schumacher): Nun, Schumacher, Sie werden verstehen, ich muß Sie leider entlassen. Es tut mir von Herzen leid, aber ich kann schließlich meine Gäste nicht der ständigen Bedrohung durch Ihre Feuerwaffen aussetzen. (Schumacher hebt seinen Revolver auf) Vielleicht haben sie unrecht, aber sie hängen am Leben... Also, Sie müssen gehn!

Schumacher: Wann, Monsieur le Marquis?

Robert: Sofort, mein Lieber, sofort, auf der Stelle! Corneille zahlt Ihnen eine Abfindung aus. Ich will Sie nicht mehr zu Gesicht bekommen.

Schumacher (unterwürfig): Jawohl, Monsieur le Marquis! (zu Lisette, die mit ihrer Pelerine kommt) Kommst du mit mir, Lisette?

Lisette: O nein, nein, nein... ich geh jetzt zu Madame!

Schumacher: Du sagst ihr auf Wiedersehn. Und nachher ...

Lisette: Aber nein! ... Ich hab dir doch gesagt, wenn Madame mich behalten will, bleib ich bei ihr. (geht)

Schumacher: Lisette!

Marceau: Lisette!

Corneille (zu Robert): Ist es nicht ein bißchen hart, Monsieur le Marquis?

Robert: Nein, nein, tun Sie, was ich Ihnen gesagt habe.

Corneille: Gut, Monsieur le Marquis. Kommt, wir gehen!

Corneille und die Diener gehen weg. Marceau als letzter.

Robert: Marceau? ... Mein guter Marceau ... dich muß ich leider auch bitten, zu gehn. Ich kann nicht gut Schumacher rauswerfen und dich mit seiner Frau hierbehalten. Das wäre unmoralisch, verstehst du?

Marceau: Ich verstehe schon, Monsieur le Marquis, ich bin Ihnen nicht böse. Und bevor ich gehe, möcht ich Ihnen auch noch sagen, wie dankbar ich Ihnen bin. Monsieur le Marquis hat mir die Chance gegeben, ein Diener zu werden, und das werd ich nie vergessen!

Robert: Aber ich bitte dich. Hau ab, Marceau, bevor ich mich noch rühren lasse. Ich hab eh schon genug Ärger!

Marceau: Auf Wiedersehn, Monsieur le Marquis!

Robert: Auf Wiedersehn, Marceau.

Sie drücken sich die Hand. Marceau geht, kehrt noch einmal um und geht dann wieder.

Robert: (zu Jurieu): Was für ein Abend! ... Wo waren wir stehengeblieben?

Jurieu: Ich hab Sie um eine Unterredung von fünf Minuten gebeten.

Sie gehen zusammen weiter. Im Hintergrund sind noch die Diener zu sehen.

Robert: Ich gewähre sie Ihnen!

Jurieu: Zu liebenswürdig! Auf jeden Fall haben Sie eine famose Rechte!

Robert: Hm! Ich bitte Sie!... Wo gehn wir hin?

Jurieu: Gehn wir ins Eßzimmer. Ich muß meine Jacke holen.

Robert: Ah ja, sicher... sicher! Aber erst mal muß ich mich bei Ihnen entschuldigen. (wendet sich um zu Jurieu und legt ihm die Hand auf die Schulter)

Jurieu: Oh, ich versichere Ihnen...

Robert: Doch, doch, ich hab mich vorhin Ihnen gegenüber wie der letzte Kutscher benommen!

Jurieu: Ah!... Hören Sie mal... Ich war auch nicht besser!

Robert (an der Eßzimmertür): Wissen Sie, woran mich unser kleines Pankration erinnert? Ab und zu les ich in der Zeitung, daß in irgendeinem entlegenen Vorort ein italienischer Arbeiter die Frau eines polnischen Kollegen hat entführen wollen und es mit einer Messerstecherei ausgegangen ist. Ich hab nicht geglaubt, daß es sowas gibt. Aber das gibt's, mein Lieber, das gibt's!

Sie gehen ins Eßzimmer.

Jurieu: Jawohl, nur hab ich eine Entschuldigung: Ich liebe Christine!

Robert: So! Und ich liebe sie nicht! Und ich... ich liebe sie so sehr... so sehr, daß ich möchte, daß sie mit Ihnen geht, nachdem offenbar darin ihr Glück besteht. (hilft Jurieu in die Jacke) Aber ich muß auch sagen, daß ich froh bin, daß Sie jemand aus unseren Kreisen sind. Ah!... An dieser ganzen Geschichte...

Jurieu: An dieser ganzen Geschichte?... Danke!

Robert: Ja, an dieser ganzen Geschichte gibt's etwas, das mich beunruhigt...

Jurieu: Und das wäre?

Robert: Ihr Beruf! (putzt Jurieus Jacke mit seinem Taschentuch ab, eine Hand auf Jurieus Schulter)

Jurieu: Was ist mit meinem Beruf?

Robert: Nun, Christine ist an einen bestimmten Lebensstil gewöhnt. Sie sind jung, Sie sind berühmt... aber Sie könnten ja verunglücken!

Jurieu: Na, wirklich, ich danke! Sie sind ja heiter!

Robert: Ja nun! Man muß an alles denken. Was wäre in diesem Fall mit ihrer finanziellen Lage?

Jurieu hat sein Taschentuch herausgezogen und wischt nun Robert die Jacke ab. Eine Uhr schlägt.

Außen. Schloßpark. Nacht.

Eine Statue. Am Wasser quaken die Frösche. Vogelschreie. Eine Uhr schlägt. Christine und Octave kommen aus dem Dunkeln. Octave geht weg, um eine Terrassentür einen Spaltbreit zu öffnen, so daß ein wenig Licht herausfällt. Dann kommt er wieder zurück.

Christine: Ah! Welche Ruhe nach all dem Lärm! Sind alle weg?

Octave: Ja, ich glaub schon!

Christine: Um so besser!

Octave: Christine?...

Christine: Ja...

Octave:... Ich muß mit dir nochmal über André sprechen. Sieh mal, du mußt ihn verstehen. Es ist mit ihm wie mit allen modernen Helden. Wenn sie in der Luft sind, sind sie großartig... aber wenn sie wieder auf der Erde sind, sind sie schwach, sind sie arm, sind sie hilflos, sind sie ungeschickt wie Kinder. Sie bringen es fertig, den Atlantik zu überqueren, aber über die Champs-Elysées kommen sie nur auf dem Fußgängerübergang!... Was willst du machen, so ist es halt!...

Christine: Schau den Mond, mit seinem Hof. Morgen regnet's sicher!

Hinter ihnen ist Licht gemacht worden. Lisette kommt herausgelaufen.

Lisette: Madame, Madame!

Christine: Ja, Lisette?

Lisette: Oh, ich hab Sie gesucht! Ich war so in Sorge!

Christine (lachend): Warum denn, Lisette?

Lisette: Oh! Sie sind mir nicht böse?

Christine: Aber nein, wieso denn! (küßt sie auf die Wange) Es ist nicht unsre Schuld, wenn die Männer verrückt spielen!

Lisette: Sie behalten mich also?

Christine: Aber sicher!

Lisette: Ach, wie froh ich bin!... Aber Madame... aber Sie müssen wieder hineingehen, wer geht denn mitten im November, in der Nacht, draußen spazieren!

Christine: Lisette... hast du gewußt, daß Madame de Marrast die Geliebte von Monsieur war?

Lisette (senkt den Blick): Ja, Madame. Aber das hat schon vor Ihrer Heirat angefangen, im Sommer, am Meer.

Christine (zu Octave, der verlegen dasteht): Siehst du... alle haben's gewußt!

Octave: Nun ja!

Christine: Und ihr habt es mir nie gesagt!

Lisette: Wir wollten Ihnen nicht weh tun!

Octave: Ja, natürlich!

Christine: Drei Jahre lang war mein Leben auf einer Lüge aufgebaut. Seit ich sie auf der Jagd zusammen gesehen und auf einmal alles begriffen habe, kann ich nur noch daran denken.

Octave: Hör zu, Christine, auch das gehört zu unsrer Zeit! Heutzutage lügen alle: die Arzneimittelprospekte, die Regierungen, das Radio, das Kino, die Zeitungen... also warum sollen wir gewöhnliche Sterbliche nicht auch lügen?

Christine: Komm, spazieren wir ein bißchen...

Lisette: Ich hol Ihnen Ihren Mantel.

Christine: Nein, mir ist schon heiß genug.

Lisette: Nein, wenn Ihnen heiß ist, dann weil Ihnen nicht gut ist. Hier, ziehn Sie meine Pelerine an.

Christine: Aber nein, nicht!

Lisette: Doch!

Christine: Danke. (zu Octave) Komm!

Lisette (off): Sie ist vielleicht nicht grad elegant, aber wenigstens erkälten Sie sich nicht!

Außen. Vor dem Schloß. Nacht.

Marceau kommt mit Koffer und Mütze den Fußsteg vor dem Schloß herunter. Er fährt zusammen, als er Schumacher im Dunkeln verborgen sieht. Er geht auf Zehenspitzen, beobachtet Schumacher, der unbeweglich an einem Baum lehnt, und geht dann auf ihn zu.

Marceau (mitfühlend): Dir geht's dreckig, was?

Schumacher (dreht weinend den Kopf weg): Ja!

Marceau: Oh, mir auch!... Hast du sie nochmal gesehn?

Schumacher (unter Tränen): Nein!

Marceau: Ich auch nicht. Sie hat mir ausrichten lassen, daß sie bei Madame ist... (Pause) Bei Madame! (seufzend) Oh!... Nicht mit dir ist sie verheiratet, mit Madame ist sie verheiratet!

Marceau geht zu einer Bank, Schumacher hinter ihm her. Marceau stellt seinen Koffer ab und setzt sich. Schumacher bleibt stehen. Nachtgeräusche.

Schumacher: Was machst du jetzt?

Marceau: Oh, ich verzieh mich in meine Hütte und mach mich wieder an meine Arbeit.

Schumacher: Wildern? (setzt sich auch hin und wischt sich mit dem Taschentuch die Augen aus)

Marceau: Ja sicher. Was kann dich das jetzt noch kratzen, wo sie dich rausgeschmissen haben. (komplizenhaft) Du hast doch sicher auch ein paar Fasanen und Kaninchen mitgehn lassen, he?... (Schumacher zuckt mit den Schultern) Und dann ist mir da was eingefallen: Ich hol mir ne Zulassung als Wildbrethändler. Wenn mich ein Gendarm anhält: Was hast du da drin?... In meinem Korb? Zehn Kaninchen, und ich hab ne Zulassung, und ich verkauf sie, und auf Wiedersehn, Monsieur! (hält Schumacher eine Zigarette hin) Du willst sicher ne Zigarette! Na und du, hm, was machst du?

Schumacher: Oh! Ich bleib in der Gegend. Wegen meiner Frau, verstehst du. Ich will sie wiederhaben.

Hinter dem Fußsteg die erleuchteten Schloßfenster. Octave kommt und lehnt an das Geländer des Stegs.

Christine (off): Octave!... Was machst du?

Octave (wendet sich um): Ich spuck ins Wasser. Das ist alles, wozu ich im Leben fähig bin!

Christine: Aber... was hast du denn?

Octave: Oh, nichts! Es ist nur nicht sehr angenehm, wieder mal zu merken, daß man ein Versager ist, ein Nichtsnutz, ein Schmarotzer. (lacht verlegen)

Christine: Aber! Ein Schmarotzer!

Octave: Wenn ich nicht ein paar Freunde hätte, die mich unterstützen... tja, ich würde Hungers sterben. Und doch, weißt du, als ich jung war, da glaubte auch ich, ich hätt vielleicht mal was zu sagen. Kontakt mit dem Publikum, weißt du... das hätt ich gern erlebt. Das... das muß berauschend sein, nicht? Wenn ich dran denke, daß mir das entgangen ist... tja, dann wurmt mich das schon. Und ich versuche... ich versuche, mir was vorzugaukeln, mir vorzustellen, daß es so gewesen ist. Nur... dafür muß ich n bißchen was getrunken haben! Weißt du, da oben auf der Treppe, vorhin, ja, da hab ich mir eingebildet, es wär so gewesen. Oje, oje! Nur nachher... da purzelt man herab... ein kurzer scheußlicher Augenblick... Aber man gewöhnt sich dran, wie? Oje, oje! Was für ne schöne Nacht! Da, schau mal, der Mond!

Christine: Ist dir nicht kalt?

Octave: Nein, nein, mir ist nicht kalt. Und dir, ist dir kalt?

Christine: Nein!

Octave: Zieh deine Kapuze über.

Octave zieht ihr die Kapuze über den Kopf, sie lachen und gehen weg, beobachtet von Marceau und Schumacher.

Schumacher: Es ist Lisette!

Marceau: Mit Octave!... Oh! Der Dreckskerl! Bist du sicher, daß sie's ist?

Schumacher: Ja, sie hat die Pelerine an, die Pelerine, die ich ihr geschenkt hab.

Octave und Christine stehen in einem Lichtschimmer vor dem kleinen Treibhaus.

Christine: Mir ist kalt.

Octave: Na gut... gehn wir zurück!

Christine: Nein! Nicht ins Schloß zurück... nie mehr ins Schloß zurück.

Octave: Dann hier rein... ins Treibhaus.

Christine: Ja.

Sie gehen hinein. Octave macht Licht.

Marceau (draußen versteckt, beobachtet sie): Was sagen sie?

Schumacher: Ich weiß nicht! Ich kann nichts hören.

Marceau: Du hast doch deinen Revolver! Schieß!

Schumacher: Es sind keine Kugeln mehr drin, ich hab alle auf dich abgeschossen.

Marceau: Du armer Kerl!

Innen. Treibhaus. Nacht.

Christine und Octave inmitten von Blumen.

    Christine: Aber mein armer Papa war nicht so, und er war auch ein Held... auf seinem Gebiet.

    Octave: Ja, aber wenn du immer an deinen Vater denkst... tust du den andern Männern unrecht!

    Christine: Du zum Beispiel, du bist ein anständiger Kerl!

    Octave: Ich?... Ich bin ein Versager!

    Christine: Nein, du bist kein Versager. Du brauchst nur jemand, der sich um dich kümmert. Ich werd mich um dich kümmern.

    Octave: Es ist zu spät, ich bin nicht mehr jung genug...

    Christine: Idiot! Du weißt doch... daß du es bist, den ich liebe! (flüstert) Und du, liebst du mich auch?

    Octave: Ja, Christine, ich liebe dich.

    Christine: Dann küß mich!

Er küßt sie auf die Wange.

    Christine: Nein, auf den Mund, wie ein Liebhaber!

Er küßt sie auf den Mund.

Außen. Vor dem Treibhaus. Nacht.

Schumacher und Marceau schauen zu, wie sich Octave und Christine küssen.

    Schumacher: Lisette!... Ich werd sie alle beide umlegen.

    Marceau: Oh, nein! Nicht sie!

    Schumacher: Ah! Doch, doch! Alle beide! Ich hol

mein Gewehr. (geht durch die Büsche davon, Marceau gebückt hinterher)

Marceau: Ich fleh dich an ... nicht sie.

Schumacher: Komm mit!

Marceau: Meinst du nicht, daß es besser ist, wenn ich hierbleibe und sie überwache?

Schumacher: Nein! ... Wir bleiben jetzt beisammen.

Octave öffnet die Tür des Treibhauses, küßt Christine noch einmal, deren Gesicht von der Kapuze verdeckt ist, und küßt ihr auch die Hand.

Octave: Ich glaub, in Lamotte-Beuvron geht um drei Uhr morgens ein Zug. Wir versuchen, ihn zu kriegen. Wart hier, ich komm gleich mit deinem Mantel zurück. (läuft durch eine kleine Allee fröhlich zum Schloß)

Innen. Schloß. Nacht.

Im großen Salon. Jurieu und Robert. Im Hintergrund Lisette, die unbemerkt bleiben will.

Jurieu: Wo ist Christine nur hingegangen? Ich mach mir langsam Sorgen ...

Robert: Oh, Sie haben nichts zu befürchten. Sie ist mit Octave weggegangen. Auf den können Sie sich verlassen. Schließlich verdanken Sie sie ihm ... Nun, ich bin ihm nicht böse!

Jurieu: Ja, er ist ein anständiger Kerl ... ein sehr, sehr anständiger Kerl ...

Robert: Ja! Ich weiß. Ich glaub an fast gar nichts mehr, wissen Sie, aber ich hab das Gefühl, ich fange an, an die Freundschaft zu glauben.

Im Hintergrund erscheint Octave auf Zehenspitzen und macht Lisette ein Zeichen. Sie läuft zu ihm.

Jurieu (off): Ja, Octave... er ist wirklich einzigartig!

Lisette kommt aus dem großen Salon in die Halle.

Octave (ganz glücklich): Lisette?

Lisette: Ja... und Madame?

Octave: Hol mir ihren Mantel.

Lisette: Wie?

Octave: Hol mir ihren Mantel.

Lisette (mißmutig): Jawohl, Monsieur Octave!

Lisette geht weg, Octave läuft zur Garderobe. Vor einem großen Spiegel liegen die Hüte auf einem Tischchen.

Octave (allein): Na sowas, jemand hat meinen Hut geklaut. Das ist vielleicht ein starkes Stück!

Lisette kommt zurück mit dem Mantel über dem Arm. Octave zieht seinen Gabardinemantel an. Er wendet sich verlegen ab.

Lisette: Das ist nicht recht, was Sie tun, Monsieur Octave!

Octave (überrascht): Warum nicht?

Lisette: Wenn es nur darum geht, sich zu amüsieren, einfach so... dann ist es ohne Bedeutung. Aber zusammen leben, Sie beide... Ich meine, die Jungen sollen unter den Jungen bleiben und die Alten unter den Alten!

Octave: Ja, also... nun... hast du meinen Hut gesehen?

Octave geht weg und kommt mit dem Hut in der Hand wieder zurück.

Lisette: Und dann haben. Sie ja auch kein Geld. Eine Frau wie Madame... die braucht 'ne Menge Sachen, und wenn Sie kein Geld haben, was machen Sie dann?

Octave (tut so, als würde er nichts hören): Da, schau dir das mal an. Jemand ist draufgetreten. Das sieht ja gut aus!

Lisette: Also ich, ich sage offen, was ich denke ... Sie machen da eine Dummheit.

Er blickt sie starr an. Sie wendet die Augen ab und spricht weiter.

Lisette: Madame wird mit Ihnen nicht glücklich werden ... Nehmen Sie mich mit?

Octave (verlegen, ausweichend): Aber sicher, Lisette! Du kommst nach.

Jurieu (taucht plötzlich auf): Wo ist Christine?

Jurieu bleibt unbeweglich stehen, sein Gesicht ist starr. Octave und Lisette drehen sich um.

Octave (besinnt sich; nach einer Pause, aufgelöst): Sie wartet auf dich!

Jurieu: Sie wartet auf mich?

Octave (hat sich wieder gefaßt): Ja, ja, sie wartet auf dich. Im kleinen Treibhaus. (Schwenkt seinen Hut). Am Ende des Fußstegs. (geht zu Jurieu und gibt ihm den Mantel) Bring ihr das. Beeil dich. Im kleinen Treibhaus! Über den Fußsteg! He! Erkält dich nicht! (zieht seinen Mantel aus und gibt ihn Jurieu)

Jurieu: Oh, ich danke dir! Ah! Laß dich küssen!

Jurieu fällt Octave stürmisch um den Hals und läuft hinaus. Octave wirft, als er fort ist, zornig seinen Hut auf den Boden.

Robert (kommt herbei, hebt den Hut auf und gibt ihn Octave zurück): Du liebst sie auch?

Octave macht eine bejahende Geste. Lisette steht immer noch neben dem Spiegel und wischt sich mit der Hand die Augen aus.

Robert (sehr hart): Aber Lisette, ich bitte dich!...
Heule ich etwa?
Robert und Octave gehen mit gesenktem Kopf langsam in
die Halle. Lisette folgt ihnen mit einigem Abstand.
Robert: Ah! Ich leide, mein Lieber, und das ist mir ein
Greuel!

Außen. Vor dem Treibhaus. Nacht.

Nächtliche Geräusche. Quaken. Christine blickt durch
die erleuchteten Scheiben des Treibhauses. Schumacher
mit erhobenem Gewehr und Marceau versteckt in einem
Busch hinter einer großen Steinvase.
Marceau: Lisette! Ah ja!
Schumacher: Oh!... Ich rede mit ihr!
Marceau (lebhaft): Genau! Wir reden mit ihr!
Vogelrufe. Schumacher hält Marceau am Arm zurück und
geht vor.
Schumacher: Nicht du, ich!
Marceau: Aber so hör doch!
Schumacher stellt sich hinter die Steinvase, Marceau geht
beiseite. Im Halbdunkel kommt Jurieu durch die Allee
gelaufen. Schumacher hält ihn für Octave.
Schumacher: Das ist er!
Er schießt. Jurieu rollt vor dem Treibhaus zu Boden und
hält sich den Bauch.
Jurieu (off): Christine!
Marceau kommt hinter der Steinvase hervor und geht zu
Jurieu. Er beugt sich über ihn, erkennt ihn und flieht.
Christine ist herbeigelaufen und kniet neben Jurieu nie-
der. Sie wird ohnmächtig und sinkt auf den Rücken.

Schumacher (sie erkennend): Oh, Madame! Oh, Madame!

Marceau läuft mit seinem Koffer über den Fußsteg ins Dunkel.

Innen. Schloß. Nacht.

Jackie läuft im Negligé in den großen Salon. Hinten geht ein Diener vorbei. Jackie geht auf Robert und Octave zu, die auf den Stufen der Bühne vor dem Orchestrion sitzen. Lisette steht daneben.

Jackie: Habt ihr nicht einen Schuß gehört im Park?

Octave: Im Park?

Jackie: Ja, im Park!... Ich war in meinem Zimmer, und da...

Marceau, seine Mütze auf dem Kopf, erscheint auf der Terrasse und öffnet die Terrassentür. Die vier blicken ihm beunruhigt entgegen. Jackie geht über die Bühne zu ihm.

Jackie: André, nicht wahr?

Marceau (zieht seine Mütze ab): Ja, Mademoiselle Jackie!

Jackie stürzt hinaus.

Robert (zu Marceau): Und Madame?

Marceau: M'sieur l'Marquis... Madame la Marquise ist nichts passiert.

Robert: Oh!... Danke, mein Lieber!

Robert greift Marceau an die Schulter und läuft Jackie hinterher. Octave kommt, er schüttelt den Kopf.

Octave (zu Marceau): Er ist tot, ja?

Marceau (leise): Ja! (senkt den Kopf)

Octave geht zur Terrasse, Marceau folgt ihm mit seinem Koffer.

Marceau: Monsieur Octave, ich schwör Ihnen, er hat nicht gelitten. Er hat den Schuß abgekriegt, als er... so... er hat sich überschlagen wie ein Tier bei der Jagd.

Octave steht an die Balustrade gelehnt und weint.

Marceau (fährt fort): Er hat grad nach Madame gerufen, und dann plötzlich: Aus...

Octave (ohne sich umzudrehen): Hast du geschossen?

Marceau: Nein, Schumacher war's. Aber ich war mit ihm einig.

Lisette (taucht auf): Corneille, beeilen Sie sich!

Octave (hält sie zurück, nimmt sie in die Arme und spricht ihr ins Ohr): Lisette! Lisette! Sag, Lisette, warum hast du mich nur nicht gehen lassen?... Was soll denn jetzt aus mir werden?

Lisette: Lassen Sie mich, Monsieur Octave, Madame braucht mich.

Octave: Ja, hör zu, du wirst... du wirst sie für mich umarmen, ja? Du wirst sie umarmen, und... du sagst ihr, daß ich weg bin, sie wird schon verstehen. Und dir sag ich auch adieu, Lisette. Also, auf Wiedersehn. Auf Wiedersehn, Lisette! (geht fort)

Lisette: Auf Wiedersehn, Monsieur Octave! Ich hab Sie sehr gern gehabt!

Marceau: Auf Wiedersehn, Lisette!

Lisette (küßt ihn auf die Wange): Dich hab ich auch sehr gern gehabt!

Corneille kommt und läuft mit Lisette die Treppe hinunter.

Lisette: Schnell, Corneille, wir werden gebraucht!

Corneille: Jawohl! Beim kleinen Treibhaus... nicht?

Sie eilen fort. Marceau kommt langsam nach. Hinter ihm Octave in Hut und Mantel.

Außen. Schloßpark. Nacht.

Marceau und Octave. Hinter ihnen das Schloß mit erleuchteten Fenstern.

    Octave: Wo gehst du jetzt hin?

    Marceau: In die Wälder! Ich versuch ein bißchen hier und ein bißchen dort zu arbeiten. (Pause) Und Sie?

    Octave: O ich, ich geh nach Paris. Ich werd... ich werd sehen, wie ich mich durchschlage.

    Marceau: Na, dann sieht man sich ja vielleicht eines Tages wieder mal, hm?

    Octave: Das würde mich wundern. Aber man weiß ja nie. Möglich ist alles. (Pause) Ja dann also, viel Glück!

Ein Hahn kräht.

    Marceau: Viel Glück!

Sie geben sich die Hand und gehen auseinander.

Auf dem Fußsteg kommen Lisette, die Jackie stützt, Christine, die von Robert gestützt wird, und Schumacher, allein, aufs Schloß zu.

    Robert (zu Schumacher gewandt): Schumacher? Verzeihung. Niemand darf in die Nähe des Treibhauses!

    Schumacher: Ich hab Pointard hingestellt, der paßt auf.

    Robert: Und was die Formalitäten betrifft, Telefonanrufe und so, halten Sie sich an Corneille.

    Schumacher: Jawohl, Monsieur le Marquis!

    Jackie: Oh! Ich kann nicht mehr, ich...

    Lisette: Na, na, Mademoiselle Jackie, Mut! Ein junges Mädchen wie Sie, gut erzogen, gebildet... das muß auch tapfer sein!

Christine (hinter ihnen, sie nimmt Jackie am Arm): Jackie, man beobachtet dich!

Sie gehen zu dritt nebeneinander weiter, Robert vor ihnen her.

Unten an der Freitreppe stehen Saint-Aubin und der General im Morgenrock. Robert geht mit den Frauen bis zur Eingangstür, Schumacher bleibt mit geschultertem Gewehr auf den Stufen zurück.

Christine: Ich werd mich um die Kleine kümmern!

Lisette (zu Jackie): Kommen Sie! Kommen Sie! (geht mit ihr ins Schloß)

Robert (zu Christine): Tu das, aber versuch auch, ein wenig zu schlafen. Du bist sicher ganz zerschlagen. Morgen ist ein anstrengender Tag mit der Abreise.

Christine: Gute Nacht, Robert.

Robert (küßt ihr die Hand): Gute Nacht, Christine.

Christine (wendet sich noch einmal um): Gute Nacht, meine Herren!

Robert wendet sich den Gästen zu. Schumacher kehrt ihnen den Rücken und steigt noch ein paar Stufen hinauf.

Robert: Meine Herren, es handelt sich um einen bedauerlichen Unfall, das ist alles!... Mein Jagdaufseher, Schumacher, hat geglaubt, er habe einen Wilderer vor sich, und er hat auf ihn geschossen, wie es sein Recht war. Das Schicksal wollte es, daß André Jurieu das Opfer dieses Irrtums wurde... Meine Herren, wir verlassen morgen dieses Schloß in Trauer um unseren unersetzlichen Freund und guten Kameraden, der uns so gut hat vergessen lassen, daß er ein berühmter Mann war. (Pause) Und nun, meine lieben

Freunde ... es ist kalt. Sie könnten krank werden, ich erlaube mir also den Rat, daß Sie wieder ins Haus gehen. Morgen erweisen wir unserem Freund Jurieu die letzte Ehre ...

Ein Diener öffnet die Türflügel.

Saint-Aubin: Eine neue Definition für das Wort UNFALL!

Der General (lebhaft): Nein, nein, nein, nein, nein! Dieser La Chesnaye hat Klasse, und das wird immer seltener, mein lieber Saint-Aubin, glauben Sie mir, das wird immer seltener!

Sie gehen zusammen mit den anderen Gästen ins Schloß zurück. Die Balustrade, Schlußmusik, das Wort ENDE erscheint.

Der Film in 58 Bildern

Jurieu: Ich kann mich nie mehr bei ihr sehen lassen!
Octave: Na, geh jetzt schlafen! Wir sprechen morgen darüber!

Geneviève: Aber du brauchst doch nur zu kommen...

Geneviève: Nehmen wir also an, wir trennen uns. Was würde das an deiner Beziehung zu Christine ändern?

Jurieu: Octave . . . Laß mich nicht allein!
Octave: Ich hab die Nase voll von deinen Geschichten.

Lisette: Sagt man nicht mehr guten Tag?

Robert: Aber natürlich hat jeder seine Gründe – und ich bin dafür, daß sie offen dargelegt werden.

Octave: Stell es auf den Tisch, meine liebe Lisette ...

Octave: Einfälle! Einfälle! Einfälle nennt sie das, Einfälle! Einfälle!

Marceau: Wegen nichts, wegen nichts, wegen gar nichts!

Schumacher: Das ist Marceau, Monsieur le Marquis!

Christine: Guten Tag, André.
Jurieu: Guten Tag, Christine!

Robert: Wann machen wir das, Herr General?

Schumacher: Ich weiß nicht, wovon du redest, ich komm ja erst, ich kann's also nicht wissen!

Geneviève: Sieh mal an, Octave!

Octave: Also, es ist... sie haben immer was zu erzählen.
Jurieu: Aha! Aha!

La Bruyère: Nein, nein. Als ich auf ihn schoß, flog er über der kleinen Kiefer...

Berthelin: Wirklich unglaublich, wie leichtsinnig manche Leute mit ihren Gewehren umgehen. Direkt unverantwortlich!

Octave: Sag mal, das muß ja verdammt interessant sein, was du da drüben siehst ...
Christine: Ja, sehr interessant!

Robert: In der Heimat meiner Frau, in Österreich, ist es sehr schön zu jagen. Auerhähne.

Geneviève: Nein, nein, bitte sag nichts!... Küß mich!
Robert: Mein Liebes!

Marceau: Guten Tag, Madame la Marquise! Guten Tag, Madame!
Christine: Guten Tag!

Octave: Tja, ich hab die ganze Nacht nachgedacht ... ich glaub, ich werd mich doch als Bär verkleiden.

Geneviève: Ja, wart mal ... Geht es nicht so?
Christine: Nein, so!

Schumacher: Was machst du hier überhaupt?
Lisette: Nun, ich verrichte meinen Dienst, was denn sonst!

Corneille: Die Schuhe, mein Lieber, die Schuhe! Die Herrschaften warten auf ihre Schuhe!

Geneviève: Ach, was bist du penetrant mit deinem Besitzdenken. Als ob das wichtig wäre – ein Haus!

Marceau: Oh, Monsieur le Marquis, Frauen sind wirklich bezaubernd, ich mag sie sehr, ich mag sie sogar viel zu sehr ... aber 's gibt immer Ärger.

Marceau: Könnten Sie mal den Gang runterschaun, ob Schumacher nicht dort ist, dann könnt ich nämlich durch die Küche abhaun.

Schumacher: Aber, M'sieur l'Marquis...
Berthelin: Wir warten auf Sie...

Saint-Aubin: Sie weigern sich also, sich zu schlagen?
Jurieu: Mit Ihnen, Monsieur: Ja!

Jurieu: La Chesnaye ... nein ... La Chesnaye, geben Sie mir fünf Minuten, um mit Ihnen zu sprechen.
Robert: Hier, das kriegen Sie!

Christine: Octave!...
Octave: Ach... laß mich!

Marceau: Oh, Madame, ja . . . jedenfalls danke ich Ihnen sehr . . . Oh! Ja, ich danke Ihnen!
Charlotte: Nichts zu danken! . . . Nichts zu danken! . . . Nichts zu danken!

Der General: Schon wieder eine Attraktion! . . . Jetzt übertreiben sie's aber!
Charlotte: Langsam reicht's!

Schumacher: Lisette!... Ich werd sie alle beide umlegen.
Marceau: Oh, nein! Nicht sie!

Schumacher: Oh! Ich bleib in der Gegend. Wegen meiner Frau, verstehst du. Ich will sie wiederhaben.

Jackie: Habt ihr nicht einen Schuß gehört im Park?

Marceau: Monsieur Octave, ich schwör Ihnen, er hat nicht gelitten.

Octave: Wo gehst du jetzt hin?
Marceau: In die Wälder! Ich versuch ein bißchen hier und ein bißchen dort zu arbeiten...

Robert: Meine Herren, es handelt sich um einen bedauerlichen Unfall, das ist alles!

Robert: Meine Herren, wir verlassen morgen dieses Schloß in Trauer um unseren unersetzlichen Freund.

Jean Renoir
über
La règle du jeu

Man hört einen Abend lang Platten, und was dabei herauskommt, ist ein Film. Ich kann nicht sagen, daß französische Barockmusik mich zu *La règle du jeu* inspiriert hätte, aber sie hat dazu beigetragen, in mir den Wunsch zu wecken, Figuren zu filmen, die sich im Geist dieser Musik bewegen. Ich habe mich nur zu Beginn auf sie gestützt. Sie begleitet den Film nur während des Vorspanns. In meinem Leben begann ein Abschnitt, in dem Couperin, Rameau, alles von Lully bis Grétry, meine ständigen Begleiter wurden. Langsam nahm meine Idee Gestalt an, und der Gegenstand wurde einfacher. Nach ein paar Tagen, die ich im Rhythmus barocker Musik lebte, zeichnete sich der Gegenstand immer deutlicher ab.

Ich mußte an einen meiner Freunde denken, dessen ganzer Lebensinhalt seine Liebesabenteuer zu sein schienen. Lestringuez sagte: »Wenn du die Wirklichkeit beschreiben willst, dann hämmre dir eins ein: die Welt ist ein großer Puff. Die Menschen denken nur an eins, nämlich ans Vögeln, und die, die es nicht tun, sind verloren. Sie ersticken im Brackwasser der Gefühle...« Sicher sprach Lestringuez für sich selbst. Aber seine Überlegung hatte mich beeinflußt, und ich entschloß mich, die Figuren dieser noch ungeschriebenen Geschichte in unsere Zeit zu verpflanzen. Dann zeichnete die Geschichte sich ab, doch noch immer nicht so weit, daß ich mich für ein bestimmtes Genre hätte entscheiden mögen.

Es fehlte der Rahmen; dann war es die Sologne, die mir die Umgebung lieferte, in der die Schauspieler die Wahrheit ihrer Figuren finden sollten. Ihr Nebel führte mich zurück in die schönen Tage meiner Kindheit, wenn wir mit

Gabrielle in das Théâtre Montmartre gingen und uns an *Jack Sheppard oder Die Nebelritter* berauschten. Es gibt keine geheimnisvollere Landschaft als diese, wenn sie aus dem Nebel auftaucht. Er ist wie Watte, die den Knall der Gewehrschüsse erstickt. Es ist der ideale Dekor für ein Märchen von Andersen. An jedem Teich glaubt man Irrlichter auftauchen zu sehen oder gar den Erlkönig in eigener Person. Die Sologne ist eine Sumpfgegend, die sich nur zum Jagen eignet. Ich verabscheue die Jagd. Ich halte sie für eine Beschäftigung von unentschuldbarer Grausamkeit. Daß ich meine Geschichte in diesem Nebelland ansiedelte, bot mir die Möglichkeit, eine Jagdpartie zu beschreiben. Alle diese Einzelheiten vermischten sich in meinem Kopf und reizten mich, eine Geschichte zu finden, in der ich sie verwenden könnte.

Meine erste Absicht war, die *Caprices de Marianne* in unsere Zeit zu übertragen. Das ist die Geschichte einer tragischen Verwechslung: der Geliebte der Marianne wird für jemand anderen gehalten, in einen Hinterhalt gelockt und umgebracht. Ich will die Handlung nicht genauer erzählen: ich habe sie mit so vielen anderen Dingen umgeben, daß die ursprüngliche Geschichte nur noch der Faden ist. Ein entscheidendes Element war die Ehrlichkeit im Empfinden Christines, der Heldin des Dramas. Da Film- oder Buchautoren meistens Männer sind, erzählen sie Männergeschichten. Ich beschreibe gern Frauen. Ein anderes wichtiges Element ist die Aufrichtigkeit Jurieus, des Opfers, der beim Versuch, einzudringen in eine Welt, zu der er nicht gehört, die Spielregeln verletzt. Während der Dreharbeiten war ich hin- und hergerissen zwischen meinem Verlangen, eine Komödie zu machen, und dem, eine tragische Geschichte zu erzählen. Das Ergebnis meiner Zweifel war der Film, wie er jetzt ist. Ich machte Augenblicke absoluter Mutlosigkeit durch, und dann wieder, wenn ich sah, wie die Schauspieler meine Gedanken übertrugen, drehte ich durch vor Begeisterung. Mein Schwanken wird sichtbar im Verlauf der Handlung und im Spiel der Darsteller. Ich denke an Christines Entschlußlosigkeit. Diese Rolle wurde von Nora Grégor gespielt, die niemand anders war als die Fürstin Starhemberg. Ihr Mann, der Fürst Starhemberg, kam aus Österreich, wo er eine Anti-Hitler-Partei gegründet hatte. In seinen Ländereien stimmten die Bauern für ihn. Die Hitlerwelle hatte sie hinweggeschwemmt.

Ich hatte ihn kurz vor *La règle du jeu* kennengelernt. Er und seine Frau befanden sich in einem Zustand außerordentlicher Verwirrung. Alles, woran sie geglaubt hatten, brach zusammen. Über die Geistesverfassung dieser Verbannten hätte man ein Buch schreiben können. Ich begnügte mich damit, Nora Grégors Art, flatterhaft-ehrlich, für meine Zwecke zu verwenden, um die Figur der Christine zu entwickeln. Wieder einmal ging ich vom Äußeren aus, um eine Figur oder eine Handlung aufzubauen. Ich muß mich entschuldigen, daß ich immer wieder auf diesen Punkt zurückkomme, aber jetzt, wo ich mich damit abfinden muß, keine Filme mehr zu machen, stellt sich mir die Kraft dieses Prinzips nachdrücklicher denn je. Man geht aus von der Umwelt und landet beim Ich. Ich habe Hochachtung und Bewunderung für die Künstler, die den entgegengesetzten Weg gehen. Die abstrakte Kunst gehört zu den Notwendigkeiten unseres Jahrhunderts. Doch selbst bleibe ich ein Mensch des neunzehnten Jahrhunderts, ich brauche die Beobachtung als Ausgangspunkt. Mein Vater, der der Vorstellung nicht traute, sagte:

»Sie malen das Blatt eines Baumes ohne Modell. Da kann es sein, daß Ihre Blätter einförmig werden, denn Ihre Vorstellung liefert Ihnen nur ein paar Modelle von Blättern. Die Natur aber liefert Millionen, und das auf einem einzigen Baum. Es gibt keine zwei Blätter, die gleich wären. Der Künstler, der sich selbst malt, beginnt sehr schnell, sich zu wiederholen.«

Was mit einem Film ist, weiß man erst wirklich nach dem Schnitt. Schon bei den ersten Vorführungen von *La règle du jeu* befielen mich Zweifel. Es ist ein Kriegsfilm, und doch wird der Krieg in keiner Weise erwähnt. An der Oberfläche harmlos, griff diese Geschichte die Struktur unserer Gesellschaft an. Und dabei wollte ich dem Publikum zunächst gar keinen Avantgardefilm bieten, sondern einen guten, kleinen, normalen Film. Die Leute kamen ins Kino mit dem Wunsch, sich von ihren Sorgen ablenken zu lassen. Aber nichts davon, ich stürzte sie in ihre eigenen Probleme. Der drohende Krieg machte die Haut der Menschen empfindlicher. Ich zeigte nette, sympathische Leute, aber eine im Verfall begriffene Gesellschaft. Das waren zur Niederlage Verurteilte, wie der Fürst Starhemberg und seine Geschlagenen, und die Zuschauer erkannten das. Genauer gesagt, sie erkannten sich selbst. Leute, die sich umbringen, tun das nicht gern vor Zeugen.

Meine Bestürzung war vollständig, als dieser Film, den ich mir liebenswürdig vorgestellt hatte, der Mehrheit der Zuschauer gegen den Strich ging. Es war ein aufsehenerregender Mißerfolg. Der Film wurde mit einer Art Haß aufgenommen. Trotz der lobenden Kommentare bestimmter Kritiker sah das Publikum ihn als persönliche Beleidigung an. Das war keine Verschwörung: meine Feinde waren für meine Niederlage nicht verantwortlich zu machen. Bei jeder Vorführung war das Publikum von neuem einig in seiner Ablehnung. Ich versuchte, den Film zu retten, indem ich ihn kürzte. Zuerst schnitt ich die Szenen, in denen ich selbst eine zu große Rolle spielte, als ob ich mich nach meinem Mißerfolg schämte, auf der Leinwand zu erscheinen. Vergeblich: der Film wurde für »demoralisierend« erachtet und aus dem Verleih gezogen.

Man hat alle möglichen Erklärungen für diese Reaktion gefunden. Ich für mein Teil glaube, die Zuschauer reagierten auf meine Offenheit. Ich hatte in dieser Arbeit Einflüsse aktiviert, unter denen die mächtigsten die in der frühesten Kindheit erfahrenen sind. Meine früheste Jugend verbrachte ich mit meinen Eltern und mit Gabrielle. Das waren Menschen, die einfach nicht anders konnten, als hinter den Masken die Wahrheit zu erkennen. Um ein im modernen Vokabular beliebtes Wort zu verwenden: das Leben mit meiner Familie hatte eine »Demystifikation« bedeutet. Wir sind mystifiziert. Man macht uns was vor. Seit meiner Jugend genoß ich den großen Vorteil, im Erkennen von Mystifikationen unterwiesen zu werden. In *La règle du jeu* teile ich meine Entdeckung dem Publikum mit, und das mögen die Leute nicht. Es stört sie in ihrer Ruhe, die Wahrheit zu erfahren. Ein Vierteljahrhundert später hielt ich einen Vortrag in Harvard. In einem Kino in der Nähe der Universität spielte man *La règle du jeu*. Als ich auf dem Balkon erschien, gab es eine begeisterte Ovation. Ein studentisches Publikum feierte *La règle du jeu*. Seitdem ist die Reputation des Films ständig gewachsen. Was 1939 wie eine Beleidigung aussah, hat sich als Voraussicht erwiesen.

Doch beim Start von *La règle du jeu* deprimierte mich der

Mißerfolg so sehr, daß ich mich entschloß, entweder gar keine Filme mehr zu machen oder Frankreich zu verlassen.

Aus: Jean Renoir, ›Mein Leben und meine Filme‹. Deutsch von Frieda Grafe und Enno Patalas. München 1975. Abdruck mit freundlicher Genehmigung des Verlags Piper. München.

Jean Renoir
im Diogenes Verlag

Werkausgabe seiner Drehbücher mit zahlreichen Szenenfotos

La règle du jeu
›Die Spielregel‹
Aus dem Französischen von
Angela von Hagen
Mit 58 Fotos
detebe 20434

La grande illusion
›Die große Illusion‹
Deutsch von Angela von Hagen
Mit 58 Fotos
detebe 20435